CARL FRIEDRICH VON SIEMENS STIFTUNG · THEMEN BD. 79

Michael Theunissen
Schicksal in Antike und Moderne

Herausgegeben von Heinrich Meier

MICHAEL THEUNISSEN

Schicksal in Antike und Moderne

Zweite Auflage

Carl Friedrich von Siemens Stiftung
München

Zum Umschlag

Der Krug auf der vorderen Umschlagseite zeigt eine Erinnys.
Die Erinnyen repräsentieren in Michael Theunissens Hesiod-
Deutung die Vorstellung eines »Schicksals von unten«.

Attische Lekythos des Bowdoin-Malers, um 460/450 v. Chr.
Antikenmuseum Basel und Sammlung Ludwig, Inv. Lu 60.
Foto Claire Niggli.

Erweiterte Fassung eines Vortrags, gehalten in der
Carl Friedrich von Siemens Stiftung am 17. Mai 2004.
Der Abend wurde geleitet von Professor Dr. Jürgen Habermas.

Inhalt

JÜRGEN HABERMAS

Meine Damen und Herren,

Sie hatten vor einigen Monaten an dieser Stelle die Gelegenheit, Ernst Tugendhat zu hören. Auch Dieter Henrich kennen Sie seit vielen Jahren. Ich freue mich, Ihnen heute als Dritten im Bunde Michael Theunissen vorstellen zu dürfen. Nun erst können Sie sich einen vollständigen Eindruck von jenem Heidelberger Dreigestirn machen, das einst die philosophische Landschaft in Deutschland in hellstes Licht getaucht hat. Zu einer Zeit, als noch nicht von »Elitehochschulen« die Rede war, gab es für das eine oder andere Fach so etwas wie eine glückliche Konstellation. Das spannungsreiche Triumvirat von Theunissen, Henrich und Tugendhat bildete während der 70er Jahre in Gadamers Heidelberg den Mittelpunkt des Philosophierens in Deutschland. Die außerordentliche Wirkung des Gelehrten und des philosophischen Lehrers Michael Theunissen verbindet sich auch mit dessen Geburtsort. Nach Berlin, wo er sich im Anschluß an seine Promotion in Freiburg auch habilitiert hat, ist Theunissen in den späten 70er Jahren zurückgekehrt.

Dem damaligen Hochschulsenator Peter Glotz gelang ein Coup, der der ermatteten Berliner Philosophie zu neuem Glanz verhalf – wiederum mithilfe von Theunissen und Tugendhat. Ich erinnere mich an mein leichtes Erstau-

nen, als Glotz den Mitgliedern der externen Berufungs-
kommission mitteilte, daß man, wenn man Theunissen an
die FU zurückholen wolle, einen Lehrstuhl für Fundamentalphilosophie ausschreiben müsse. Damals, zur Blütezeit
des Kontextualismus – eines zweiten Historismus –, hatte
die französische Postmoderne alles mit einem Bann belegt,
was auch nur von Ferne den Verdacht von Grundlegung
oder fundamentaler Begründung auf sich zog. Eine venia
für »Fundamentalphilosophie« schien auch nicht recht zum
Bild eines inzwischen bekannten Professors zu passen, der
sich wie wenige seiner philosophischen Kollegen der
bewegten politischen Aktualität stellte – der sich 1969, auf
dem Höhepunkt der Revolte, in der Einstellung kritischer
Solidarität mit Horkheimer und der Frankfurter Tradition
auseinandergesetzt hatte, der 1970 mit einem Sonderheft
der Philosophischen Rundschau in die scharfe Debatte über
das Verhältnis von Theorie und Praxis eingegriffen hatte,
und von dem man wußte, daß er in seinen Heidelberger
Seminaren zu Marx und Hegel die besten unter den nach-
denklichen SDS-Studenten um sich versammelt hatte.

Dieser Eindruck sollte sich auch weiterhin bestätigen.
Denn die nun folgende Auseinandersetzung mit Adornos
Negativismus blieb eine, bei allem Abstand, sympathisie-
rende, sich im Anderen wiedererkennende Kritik. Die Vorlesung für Hörer aller Fakultäten über »Selbstverwirklichung und Allgemeinheit« versteht sich selbst als »Kritik
des gegenwärtigen Bewußtseins«. Und noch 1999 setzt sich
der Preisträger Theunissen, aus Anlaß der Verleihung des
Lucas-Preises, auf eine eigensinnige Weise mit der Kollekti-
vschuldthese auseinander. Also doch kein Fundamentalphi-
losoph? Mit dieser Schlußfolgerung würden wir den Nerv
einer Philosophie verfehlen, die aus der Spannung zwischen

festgehaltener Metaphysik und gegenwartssensibler Zeitdiagnose ihren eigentlichen Antrieb schöpft. Nur die Akzente mögen sich während des letzten Jahrzehnts verschoben haben. Wie immer auch zögernd, kehrt Theunissen zu den Heideggerschen Anfängen seiner Studienzeit zurück.

Theunissen hat seinen Ausgang von Aktualitätsdenkern wie Kierkegaard und Marx nie verleugnet. Bei aller Sensibilität für, und damit auch Abhängigkeit von höchst gegenwärtigen Klimaschwankungen hat sich jedoch sein Philosophieren immer schon im Medium einer umfassenden und philologisch genauen Vergegenwärtigung der Metaphysikgeschichte, von ihren Ursprüngen bis zur Gegenwart, vollzogen. Diese eminente Anstrengung erklärt den ungewöhnlichen Erfolg des philosophischen Lehrers, dem seine arrivierten Schüler zum 60. Geburtstag mit den folgenden Worten Dank abstatten: »Findet Dialektik ihre paradigmatische Gestalt bei Hegel, so charakterisiert der Negativismus einen Hauptstrom nachhegelschen Denkens. Kennzeichnend für beide ist, daß sie die Gegenwendung zur Tradition nicht so vollziehen, daß sie deren Sache und Anliegen unterlaufen; anders als in aktuellen Verabschiedungen bleibt der Wahrheitsanspruch substantieller Erkenntnis gewahrt.«

Meine Damen und Herren, je öfter meine eigene Arbeit Gegenstand wohlmeinender Versuche eines zusammenfassenden Überblicks wird, um so weniger glaube ich an die Möglichkeit, ein Lebenswerk mit wenigen Sätzen vorstellen zu können. Aber die Konvention, die das verlangt, hat den guten Sinn eines verdienten Komplimentes, das ich unserem Gast um so lieber abstatte, als die Lektüre seiner Bücher für den eigenen, sehr viel weniger philosophischen Denkweg seit drei Jahrzehnten eine Quelle immer neuer Einsichten geblieben ist. Gestatten Sie mir um dieser Konvention willen den Versuch der kurzen Charakterisierung eines großen Werkes, dessen Entwicklung, wie man aus dem Rückblick feststellen kann, einer strengen inneren Konsequenz folgt.

1958 erscheint die Dissertation *Der Begriff Ernst bei Søren Kierkegaard*. Hier ist bereits das Thema angeschlagen, das erklärt, warum Theunissens Denken durch eine eigentümliche Radikalität, eine sanfte, aber in der Sache unnachgiebige Kompromißlosigkeit ausgezeichnet ist: Theunissen nimmt das philosophische Grundthema der richtigen Lebensführung sogleich in der modernen, nach-Kantischen und protestantisch zugespitzten Form auf – als Frage nach der Ermöglichung eines gelingenden Selbstseinkönnens, das der erlösungsbedürftige Einzelne seiner uneigentlichen Existenz in der entfremdeten Welt aus eigener, freilich vergeblicher Kraft abzuringen sucht. Auch die negativistische Methode ist hier schon vorgezeichnet. Das Nichtseinsollende, dem seine Negativität – und die Sehnsucht nach dem seinerseits Negiertwerden – an die Stirn geschrieben ist, verrät sich in den existentiellen Gestalten von Melancholie, Verzweiflung und Depression – also jener Stimmungen, die Theunissen später mit der klinischen Psychologie ins Gespräch bringen werden. Der Gnade eines richtigen Selbstverhältnisses wird nur der Geist teilhaftig, der eine immer unerträglichere Verzweiflung (über das selbst verursachte Scheitern am borniertien Selbstseinwollen) überwindet, d. h. nicht etwa stoisch verwindet, sondern in christlicher Demut aufgehen läßt.

Der Titel der 1965 veröffentlichten Habilitationsschrift – *Der Andere* – signalisiert bereits den Schritt, den die inzwischen angeeignete Dialogphilosophie Martin Bubers, eines anderen religiösen Schriftstellers, über die Kierkegaardsche Vereinzelung hinaus ermöglicht. Mit diesem Schritt vollzieht Theunissen die Abwendung vom subjektphilosophischen Ansatz Fichtes, der auch noch in der *Krankheit zum Tode* die Konversion des selbstbewußten Einzelnen von sich hin zu Gott bestimmt hatte. In einer streng immanent verfahrenden Kritik an Husserls egologischer Konstruktion der anderen Person und an Sartres früher Sozialontologie entfaltet Theunissen eine bestechende Argumentationskraft. So arbeitet er den Eigensinn und das Eigenrecht der zweiten, mit »Du« angeredeten Person, zunächst auf dem Wege einer Dekonstruktion der Bewußtseinsphilosophie heraus.

Eine gesellschaftliche Dimension gewinnt diese Intersubjektivitätstheorie erst in den großen Hegel-Publikationen der Heidelberger Zeit: *Hegels Lehre vom absoluten Geist* (1970) und *Sein und Schein* (1978). Eine nun auch an Marx geschulte Dialogik wird zu einem fruchtbaren Interpretationsschlüssel für Hegels Dialektik. Auf diesem Wege werden der *Logik*, also dem Werk des reifen Hegel, die verlorengegangenen intersubjektivitätstheoretischen Einsichten des jungen Hegel gleichsam zurückerstattet. Die Denkfigur des Im-Anderen-bei-sich-selbst-seins wird nach zwei Seiten hin – unter den Aspekten der Liebe und der kommunikativen Freiheit – ausgelegt. Und weil jeder Schritt zur Abstraktion »Gleichgültigkeit gegen anderes und andere« bedeutet, gewinnt diese kommunikationstheoretische Lesart Hegels auch einen herrschaftskritischen Sinn. Den Schritt zu seiner Spätphilosophie tut Theunissen schließlich damit, daß er dieses Negative einer Herrschaft, die uns Verhältnisse freier gegenseitiger Anerkennung vorenthält, metaphysikkritisch als eine »Herrschaft der Zeit« entschlüsselt. Diese Herrschaft gründet in einer zum fremden und entfremdenden Schicksal gewordenen Zeitvergessenheit.

1991 erscheint eine Aufsatzsammlung, die, wie der anspruchsvolle Titel zu erkennen gibt, mehr ist als das – nämlich der Entwurf einer *Negativen Theologie der Zeit*. Mit der Rückkehr zum Heideggerschen Motiv der Zeitvergessenheit deklariert Theunissen sein Denken als die »religiöse Philosophie«, die es von Anfang an gewesen ist. Nun kann das Selbstsein nur noch gelingen als ein Sich-Losreißen vom bleiernen Wiederholungszwang eines als schicksalhaft-sinnlos empfundenen, aber noch nicht *als solchen* erfahrenen Zeitdrucks. Nur die unverstellte, proleptische Zeit geht schwanger mit dem Vorschein eines Eschaton, einer Zeitenwende in der Zeit, die die Menschen aus der dumpfen Passivität erlittener Schicksalhaftigkeit zur göttlichen Ewigkeit emanzipieren wird. Diese Ewigkeit wird nicht metaphysisch als das Andere der Zeit gedacht, sondern im Sinne der Schellingschen Konzeption der Weltalter als Zeit der Ewigkeit.

Eine überraschende und mich, wie ich gestehen muß, nicht ganz überzeugende Wende tritt schließlich während der zweiten Hälfte der 90er Jahre in Theunissens eigener Denkentwicklung ein. Zugleich mit seiner Emeritierung breitet Theunissen auf mehr als tausend Seiten das grandiose philologische Ergebnis eines inständigen Interpretationsringens aus. Theunissen dringt in die Poren von Pindars Siegerhymnen ein, um daraus die vormetaphysische Zeiterfahrung der Griechen *vor* Parmenides zu erschließen, und damit zugleich den – aus seiner Sicht bloß vermeintlichen – Gegensatz zwischen Christentum und Griechentum aufzubrechen. Seine deutsch-griechische Sehnsucht befriedigt Theunissen freilich nicht wie Heidegger auf dem Wege einer nietzscheanisch-neuheidnischen Metaphysikkritik, die hinter Christus und Sokrates auf die vermeintlich zukunftsträchtigen archaischen Wurzeln des Mythos zurückgreift. Wenn ich Theunissen recht verstehe, folgt er den Spuren eines nach wie vor kritisch betrachteten Heidegger nicht in der Absicht, die Botschaft des christlichen Erlösergottes zugleich mit der Verfallsgeschichte der Metaphysik abzuräumen. Auf der Suche nach der gemeinsamen Wurzel von Metaphysik und Christentum erhofft er sich ohnehin mehr von den altgriechischen Dichtern als von den vorsokratischen Denkern. In Pindars Theologie des Göttlichen will er die Dialektik zwischen einer von außen einbrechenden und der innerweltlichen, aus der Immanenz aufsteigenden Transzendenz freilegen.

Eine, wie mir scheint, sehr deutsche Besinnung auf das Altgriechische soll das wahre Verständnis des Religiösen gegen die Vereinseitigungen von Metaphysik und hellenisiertem Christentum retten. Ein tief pessimistisch gestimmter Theunissen interessiert sich für das Fortwirken des antiken Schicksalsglaubens in der Moderne – so für das Echo, das die Hesiodsche Kosmogonie in Goethes *Wahlverwandtschaften* und in der Rhein-Hymne Hölderlins findet. Aus dieser Quelle sollen wir auch gegen die komplementären Verfehlungen der Moderne Mut schöpfen dürfen – gegen die anthropozentrische Verabsolutierung der Bewegung einer »Transzendenz von innen« wie auch gegen die postmoderne Zelebrierung des von außen mit mythischer Wucht einbrechenden »Ereignisses«.

Vielleicht dürfen wir auch darin noch das Motiv wiedererkennen, das den jungen Theunissen zu Kierkegaard geführt hat – einen erneuten Versuch, uns die Endlichkeit des menschlichen Geistes und unserer irdischen Existenz *auf die richtige Weise* zu Bewußtsein zu bringen.

MICHAEL THEUNISSEN

Schicksal in Antike und Moderne

Ein gegen Ende des 18. Jahrhunderts erschienenes Buch trägt den Titel *Versuch einer Geschichte der Meinungen über Schicksal und menschliche Freiheit von den ältesten Zeiten an bis auf die neuesten Denker*.[1] Mittlerweile gibt es viele Bücher dieser Art. Nacheifern will ich ihnen nicht. Das Wort Schicksal erweckt nur eine Vorstellung. Es stellt etwas als bekannt Vorausgesetztes bloß vor uns hin. Deshalb knüpfen sich daran Meinungen, die so verbreitet sind wie oft auch beliebig. Selten waren in der Geschichte Versuche, die Vorstellung in einen Begriff zu überführen. Ihnen wendet mein Vortrag sich zu.

Sein der Antike gewidmeter Teil kehrt deren Frühphase hervor, in der man noch nach einem Begriff von der Sache tastete. Zwar nimmt das Thema erst in der Stoa den uns vertrauten Umfang an. Aber der stoische Universaldeterminismus macht bereits Voraussetzungen, die freizulegen den weiter gespannten Rahmen meines Vortrags sprengen würde. Ich muß mich auf einen einzigen, jedoch durch Antike und Moderne hindurchgehenden Gedanken beschränken.

---

1 J. C. G. Werdermann, Leipzig 1793. Das Buch präsentiert sich als dritter Teil einer Theodizee.

Auf der Suche nach einem Begriff des zunächst nur vorgestellten Schicksals schlägt die europäische Literatur gegenläufige Richtungen ein. Von Anfang an vermutet sie das Gesuchte entweder über oder unter uns. Homer kreist um ein Schicksal von oben, Hesiod um eines von unten. Zugegeben: die verräumlichende Unterscheidung vereinfacht auch. Sie dürfte aber ihre Erschließungskraft erweisen, auch für die Moderne. Zu rechtfertigen ist, so hoffe ich, ebensowohl die ihr zugrunde liegende Hypothese, daß eine Rückführung dessen, was man Schicksal nennt, auf eine Affektion von unten für die Aufklärung des mit diesem Namen Belegten eine größere Chance bietet als seine Erhebung zu etwas uns von oben Bestimmenden.

Infolge einer gewissen Präferenz für ein Schicksal von unten müssen die Ausführungen über das frühe Altertum auf Hesiod stärker eingehen als auf Homer. Zu deren ungleichgewichtiger Behandlung nötigt auch, daß Hesiod für ein Schicksal von unten mit großer Eindringlichkeit eintritt, während Homers Entscheidung für ein Schicksal von oben mehrdeutig ist. Dies hängt mit seinem mangelnden Interesse an Verbindlichkeit zusammen. Seinem noch offenen Entwurf versuche ich gerecht zu werden, indem ich aus einer nicht primär philosophisch ausgerichteten Forschung philosophisch relevante Konsequenzen ziehe. Im Spiegel dieser Forschung betrachtet, bietet das Schicksalsdenken Homers ein uneinheitliches Bild. In der Tat scheint es in mehrere Vorstellungen zu zerfallen, die nicht einmal das deutsche Wort ›Schicksal‹, obwohl es durch Zusammenfassung unterschiedlich ausgerichteter Originalausdrücke eine vereinheitlichende Wirkung ausübt, auf einen gemeinsamen Nenner bringt. Zu leisten ist hier kaum mehr als eine Art Anatomie dieser auseinander strebenden Schicksalsvorstellungen.

Immerhin ist Homers ›Schicksal‹ ein von oben verfügtes in allen seinen Ausformungen. Als solches konkurriert es mit dem, was für religiöses Bewußtsein von oben kommt, mit göttlichen Weisungen. Homer konfrontiert uns demnach mit zwei Antagonismen, nicht nur mit einem Widerstreit zwischen Vorstellungen, in welche die eine Schicksalsvorstellung auseinander tritt, sondern auch mit der Spannung, in die ein über uns angesiedeltes Schicksal zu Gott gerät. Den ersten kann man einen internen, den zweiten einen externen Antagonismus nennen. Die einzige Chance, den externen zu besänftigen, liegt in einer Entschärfung des internen durch Ausschluß aller die Realität überschreitenden Vorstellungen.

Die Vorstellungen, die ein solches Ausschlußverfahren überstehen würden, besitzen einen Realitätsgehalt dank dessen, daß sie in der Menschenwelt fundiert sind. Homers maßgeblicher Ausdruck für Schicksal, *moira*, meint nichts anderes als Anteil, die einem jeden zugewiesene Portion, die, obwohl auch den Göttern zugewiesen, erfahrbar nur an der Menschenwelt ist. Zeus ist *der* Gott, nicht bloß Gott unter Göttern, weil er als Vater der Menschen *und* der Götter diesen wie jenen ihren Anteil gibt.

Der Realitätsgehalt Homerischer Schicksalsvorstellungen zeigt sich insbesondere an zwei Punkten. Als Anteil weist Schicksal auf den unausgesprochenen *Begriff*, den Homer sich von ihm macht, sofern Anteil sich nicht ohne Individualität denken läßt. Homer steuert auf einen Schicksalsbegriff zu, für den Individualität konstitutiv ist. Die *Erfahrung*, von der aus er ihn anvisiert, ist die des Todes. Mit dem Tod konstatiert er ein Faktum. Schicksal ist bei ihm so eng an dieses Faktum gebunden, daß ein selbstverschuldetes in seinen Epen wie nicht vorhanden erscheint oder höchstens im Hintergrund auftaucht. Anerkannt wird lediglich eine Schuld, die aus dem vorausgesetzten Schicksalsbegriff herausfällt. Eines ist Schuld, ein anderes das Schicksal der Menschen, für das sie nichts können.

In beiden Epen begegnet uns aber außer dem Schicksal, dessen Begriff der des individuellen Anteils und dessen Erfahrungsbasis der Tod ist, eine Vorstellung von ihm, die Realität überschreitet oder doch auf der Schwelle dazu steht. Auf ihr fußt zweierlei, eine Satzkonstruktion und ein Bild. In epischer Dichtung kommen Sätze vor, die mit einem im Passiv stehenden Plusquamperfekt von Verben wie *méiromai* konstruiert sind, mit *heímarto*, es war bestimmt, verhängt.[2] Eine solche Verbform verlängert die hinter die Geburt eines Individuums zurückweisende Linie ins Unendliche, allerdings ohne ihr einen Quellpunkt vorauszusetzen, geschweige denn einen, der die Quelle zu einer Macht hypostasierte. Insofern bleibt Homer auch hier, wie in seinem Umgang mit dem Tod, bei der Feststellung eines Faktums.

Schwerer durchschaubar ist das ins Auge gefaßte Bild, das einer so genannten Schicksals*waage*.[3] Scheinbar delegiert Zeus seine Entscheidung über den Ausgang einer Schlacht zwischen Achaiern und Troern oder über Sieg und Niederlage im Kampf zwischen Achilleus und Hektor damit, daß er Lose in Waagschalen wirft, ans Schicksal. Selbst wenn man annimmt, daß Zeus seinen Entschluß, Achilleus und seinen Achaiern zum Sieg zu verhelfen,

---

2 Z. B. *Ilias* XXI, 281. Vgl. James Duffy: *Homer's Conception of Fate*, in: The Classical Journal 42 (1946-47), S. 397–405.

3 *Ilias* VIII, 69–74; XXII, 209–213; XII, 433–435. Vgl. Gudmund Björk: *Die Schicksalswaage*, in: Eranos 43 (1945), S. 58–66. B.C. Dietrich: *The Judgment of Zeus*, in: Rheinisches Museum für Philologie N.F. 117 (1964), S. 97–125.

schon vor dem vermeintlichen Richterspruch der angerufe-
nen Instanz gefaßt hat, bleibt die Frage, warum Homer eine
Entscheidungsfindung mit Hilfe des Schicksals inszeniert.
Offenbar brauchte er eine Moira zur Rechfertigung von
Zeus, der ja anfangs auf der Seite Hektors und der Troer
stand.[4] Sein Rückgriff auf Moira setzt aber voraus, daß er
mit ihr eine schon kursierende Vorstellung aktiviert. Moira
muß bereits vor ihm Gegenstand eines Volksglaubens
gewesen sein.

Spätestens seit 1840 stand im Mittelpunkt sachorien-
tierter Forschung die Relation von Schicksal und Zeus. Als
Schicksal galt seitdem oft ein absolutes Fatum. Aber ein solches Schicksal kennt Homer so wenig, daß er es nicht einmal verwerfen kann. Obwohl er voraussetzt, daß Menschen
schon als geborene und todgeweihte schicksalhaft existieren, denkt er wohl nicht einmal an ein sie lebenslang leiten-
des Schicksal. Um so fremder müßte ihm eines sein, das in
dem Sinne absolut wäre, daß es über allem und allen waltet.
Würde es sich doch schlecht mit der Tatsache vertragen, daß
er Schicksal auf Individualität gründet und sogar noch ein
kollektives Geschick wie den Troischen Krieg an darin ver-
strickte oder davon betroffene Individuen zurückbindet.

Nun geht ja das uns aus *Ilias* und *Odyssee* entgegentre-
tende Schicksal in dem, das Homer *Diós moira* oder *Diós
aisa*,[5] das uns von Zeus zugeschickte, nennt, nicht auf. Zu
ihm gesellt sich eben die Moira eines älteren Volksglaubens.
In *Ilias* und *Odyssee* fand sie zwei Anknüpfungspunkte,
zum einen den Gedanken, der hinter Ausdrücken steht wie

---

4 Vgl. Engelbert Eberhard: *Das Schicksal als poetische Idee bei Homer*. Paderborn
   1923.

5 Vgl. das diesen Wendungen gewidmete Buch von Ugo Bianchi, Rom 1953.

heímarto, es war bestimmt, verhängt, zum andern einen Tod, der Schicksal zum Todesschicksal macht. Daraus, daß jene Verbform in *Ilias* und *Odyssee* niemals variiert, läßt sich schließen, daß sie in Homers Verständnis von Moira die früheste Schicht anzeigt, und was die Todeserfahrung betrifft, so bezeugen archäologische Funde, daß Moira ursprünglich allein eine Gottheit war, die man für das Sterben von Menschen verantwortlich machte, eine Todesgöttin.

Damit tun sich freilich in dem adaptierten Glaubensinhalt Spannungen auf. Als todbringende Instanz ist Moira etwas Bestimmtes. Als das von weither und seit je Verhängte verschwimmt sie ins Unbestimmte. Noch tiefer greift eine Spannung, die aus der Unbestimmtheit selber erwächst. Alles auf unbestimmte Weise über uns Waltende nimmt leicht das Aussehen eines absoluten Fatum an. Dazu neigt auch das im Volksglauben Geglaubte. Mithin dringt in das epische Verständnis von Schicksal ein, was es von sich her ausschließt. Das im stoischen Universaldeterminismus endende Schicksalsdenken der Antike läuft, so gesehen, in seinen Anfang zurück. Es nimmt einen Gang, der die Tendenz der Moira des Volksglaubens zum absoluten Fatum verfestigt.

Für Hesiod müssen wir uns mehr Zeit nehmen. Hesiod führt nämlich einen bei aller Archaik subtilen Gedanken vor. Darin begründet er Schicksal im Chaos. Obwohl nicht im Handumdrehen zu entdecken ist, wie er dies tut, genügt für das Verständnis des Gedankens eine Rekonstruktion der genealogischen Eingangspassage seiner *Theogonie* (vv. 116–125).

Hesiod beginnt den eigentlich genealogischen Trakt mit dem knappen Hinweis: »Zuallererst wahrlich entstand das Chaos ...«. Der Ausdruck *cháos* bleibt unerläutert. Der normalen Sprache läßt sich seine Verwendungsweise nicht entnehmen. *Cháos* ist nämlich ein Kunstwort. Auch keine Tradition kann über ihn Auskunft erteilen. Etwas ihm Entsprechendes soll zwar vor Hesiod schon einmal notiert worden sein, in einer phönizischen Kosmogonie des zweiten vorchristlichen Jahrtausends. Aber als *cháos* benennen konnten es natürlich erst Griechen. So suchten die Ausleger von früh an Zuflucht in der Etymologie. Ihre etymologischen Herleitungen, die für ihre deutende Arbeit eine verläßliche Grundlage bereitstellen sollten, basieren allerdings ihrerseits auf Deutungen. Ziel des Folgenden ist darum ein auf anderem Wege zu gewinnendes Verständnis von *cháos*.

Der Sinn des Wortes ergibt sich aus seinem engeren und weiteren Kontext. Das Nächstliegende ist, ihn von Erde und Eros her zu bestimmen, die beide dem Chaos gefolgt sind. Nahe liegt auch ein Rückschluß aus der dem Chaos entspringenden Nacht. Ferner bietet sich zur Entschlüsselung des Wortsinnes das genealogisch fortentwickelte Chaos an, von Hesiod *chásma* genannt (vv. 726–819). Was die Nacht und die von ihr freigesetzten Gewalten über das Chaos aussagen, wird mit dem nächsten Schritt zu ermitteln sein. Im vorerst anstehenden ist zu fragen, wie das anfängliche Chaos sich zu den anderen Urmächten verhält und in welcher Gestalt es unter dem Namen *chásma* wiederkehrt.

Die genealogische Eingangspassage der *Theogonie* umschreibt eine Konstellation. Mit Chaos, Erde, Eros beschwört Hesiod drei Mächte, die ihm alle je auf ihre Art, ungeachtet einer gewissen Abfolge, als ursprünglich gelten. Keine leitet er aus einer anderen ab. Dennoch stellt er sie nicht bloß nebeneinander. Das Spiel, in das er Chaos, Erde und Eros bringt, kann ein Zusammenspiel sein, weil jede Urmacht ist, was die anderen nicht sind. Außerdem haben sie *einen* Zug gemeinsam: eine dem je eigentümlichen Sein der Urmächte angepaßte, im Falle von Erde und Eros am sinnlichen Eindruck gemessene Grenzenlosigkeit. Die besondere Seinsqualität der Erde ist die Festigkeit des Bodens, auf dem wir stehen. Sie gibt den Blick frei auf die ihrerseits eigene Seinsqualität des Eros. Dessen Grenzenlosigkeit ist die einer zielstrebigen Kraft. Eros ist ja die treibende Kraft hinter allen Zeugungen, von denen die *Theogonie* erzählt.

In der gleichen Weise, auf welche die Erde Eros als das Andere ihrer selbst anzeigt, verweisen wiederum beide aufs Chaos. Die ihm zugeschriebene Andersheit gegenüber der Erdenschwere schließt Gegenständlichkeit und mehr noch Dinglichkeit aus. Ebensowenig darf das Chaos an der Zielgerichtetheit von Eros teilhaben. Mit den beiden anderen Urmächten trifft es sich allein in seiner Grenzenlosigkeit. Während aber Erde und Eros nur grenzenlos scheinen, *muß* das Chaos unbegrenzt sein. Ist es doch »zuallererst« entstanden. Wenn zum Zeitpunkt seiner Entstehung sonst nichts existierte, dann war es auch durch nichts begrenzt.

Mit alledem wissen wir freilich erst wenig von ihm. Die Ableitung seiner Grenzenlosigkeit aus seinem zeitlichen Vorrang vor Erde und Eros gibt noch nicht zu erkennen, was es in ihm selbst sein könnte, und die Einsicht in den Ausschluß von erdhafter Gegenständlichkeit und eroseigener Zielgerichtetheit kommt nicht über eine Bestimmung *e negativo* hinaus. Ein Versuch zur *positiven* Bestimmung, die das Allererste auch von *innen* sehen ließe, nötigt zum Vorblick aufs Chasma.

Das anfängliche Chaos macht einen Gestaltwandel durch. Der erst später eingeführte Ausdruck *chásma* zielt auf einen Spalt zwischen Erde und Tartaros. Sollte darin das Chaos wiederkehren, dann hätte es seine Grenzenlosigkeit eingebüßt. Es wäre ja zwischen Erde und Tartaros eingezwängt. Außerdem wäre es jetzt in der Tiefe lokalisiert, unter der Erde. Aber ist das Chaos wirklich ins Chasma eingegangen? Wir dürfen das so Bezeichnete nicht von vornherein als verwandeltes Chaos in Anspruch nehmen. Zum Erweis der Übereinkunft von Chasma und Chaos müssen wir zunächst am Chasma Züge aufspüren, die auf das anfängliche Chaos zurückweisen *könnten*, und sie sodann daraufhin prüfen, ob sie sich schon am Anfang abzeichnen.

In Hesiods Beschreibung des Tartaros heißt es, jemanden, der in den Spalt geriete, würden Sturmwinde hierhin und dorthin tragen (v. 742). Das Chasma ist stürmisch bewegt. Erstatten wir dem Chaos in Gedanken die Grenzenlosigkeit zurück, die durch seine hypothetisch anzunehmende Ansiedlung zwischen Erde und Tartaros verloren ging, so folgt: In seinem ersten Auftreten war es *reine* Bewegung. Es war nichts als Bewegung, keine Substanz, welcher Bewegtheit bloß als Akzidens anhinge. Die Bewegung erscheint im Spiegel des Chasma ferner ziellos und orientierungslos. Sie stellt sich als Turbulenz dar.

Die Turbulenz deutet auf eine dreifache Negativität, auf die Negativität des Nichtseienden, des Nicht*bestimmbaren* und des Nichtsein*sollenden*. Eine reine und zugleich ungeordnete Bewegung hat erstens kein Sein, in *dem* Sinne, daß sie nichts für sich Seiendes ist. Sie ist zweitens nicht bestimmbar, weil sie sich wegen der Unvorhersehbarkeit ihrer Wendungen jeder Festlegung entzieht. Drittens *soll* sie auch nicht sein. Denn von ihrer Unberechenbarkeit geht eine Bedrohung aus. Nun hebt die *descriptio Tartari* am Chasma allein die Bedrohlichkeit heraus. Dies erlaubt den Schluß, daß das Nichtsein*sollende* am Chasma mehr ist als bloß einer seiner Aspekte. Es scheint ihm vielmehr als Grundzug seiner Negativität eingeschrieben zu sein. Und als derart umfassendes kann man es auf das anfängliche Chaos zurückdatieren. Wenigstens hypothetisch ist die Angst vor dem Chasma in den Anfang der Genealogie einzutragen, als Gegenstück zu dem von der Erde eingeflößten Vertrauen.

Nun erfordert ja die Verfahrensart, die für den Erweis der Übereinkunft des Chasma mit dem anfänglichen Chaos vorgeschlagen wurde, auch, den am Chasma gewonnenen Befund vom Anfang selber abzulesen. Für den Schluß von der *descriptio Tartari* auf das Chaos des Eingangssatzes bieten die Verse über das Geschick dessen, der in den Spalt zwischen Erde und Tartaros geriete, einen Ausgangspunkt. So einer, versichern sie, gelangte »für ein volles Jahr nicht auf den Boden« (vv. 740–741). Im grenzenlosen Chaos bekäme er gar keinen Boden unter die Füße. Ängstigen würde ihn zusammen mit der Unbeherrschbarkeit der Sturmwinde Bodenlosigkeit.

Zu entgrenzen wäre im Rückgang auf den Anfang ebensowohl der Zeitraum, den die Verse für den Fall des Unglücklichen veranschlagen. Schon lange streitet man darüber, ob in »Zuallererst entstand das Chaos« das Verb nach seiner buchstäblichen Bedeutung zu nehmen sei oder als Umschreibung dafür, daß das Chaos von Anfang an *war*. Fragwürdig wäre beides: den Wortlaut zu ignorieren und auf dem Buchstaben zu beharren. So wenig zu leugnen ist, daß Hesiod von Entstehung spricht, so klar ist doch auch, daß er es sich verbieten müßte. Denn entstehen kann etwas nach Maßgabe archaischer Genealogie nur, indem es gezeugt und geboren wird. So bleibt nichts anderes übrig, als die Alternative von ›entstand‹ und ›war‹ zu unterlaufen.

Wie dies zu geschehen hat, lehren die im Kontext verwendeten Temporaladverbien. In der genealogischen Anfangspassage weist *proótista*, *zuallererst*, nicht nur voraus auf *épeita*, *danach*; es weist auch zurück auf *tà proóta, die ersten Dinge*, um deren Verkündung Hesiod die Musen unmittelbar vorher, am Ende des Proömions (v. 108), gebeten hat. Unter ihnen kommt das Chaos noch gar nicht vor. In der auf das Proömion folgenden, das Chaos einführenden Passage, die das von den Musen Verkündete wiedergibt, geht Hesiod noch hinter die ersten Dinge zurück. Der Schritt zurück führt vom Gründenden ins Abgründige. In Richtung auf Abgrund ist *proótista* zu verstehen. Das Wort, mit dem die Genealogie anhebt, meint: unvordenklich. Das Chaos ist das Unvordenkliche, von dem wir weder schlichtweg behaupten können, daß es irgendwann ins Leben getreten sei, noch auch, daß es seit je existiert hätte.

Wie leitet nun Hesiod aus dem Chaos Schicksal ab? Sein Weg dahin führt über drei Stationen: die Nacht selbst (vv. 123–125), die Ausgeburten der Nacht (vv. 211–225) und die Entwicklung ihrer Ausgeburten zu Kindern des Streits (vv. 226–232). Der Wandel, den das Chaos im Fortgang der Theogonie erleidet, beginnt bereits damit, daß es die Nacht gebiert. Schon mit dieser Erstgeburt neigt es sich der Tiefe zu. Auf dem ersten Wegstück, dem vom Chaos zur Nacht, hält sich gleichwohl etwas Identisches durch. Es liegt in dem soeben vom Chasma abgelesenen Negativen. Noch die präkosmische Nacht ist, so eine ihr gewidmete Untersuchung, »bewegt von richtungslosen Winden«.[6] Sie ist demnach durchherrscht von der Negativität des Nichtsein*sollenden*. So kann Hesiod sie dem Tag entgegensetzen und dadurch von dem Gott fernhalten. Zusammen mit ihr entsteht Erebos, die Finsternis in Person, zusammen mit dem Tag der Äther in der lichten Höhe, in der Zeus wohnt. Nacht soll im gegenwärtigen Stadium nichts sein als die dunkle Basis für den Aufgang des Lichts, in dem der Gott erscheint.

Mit dem zweiten Geburtsakt, dem Hervorgang nächtlicher Wesen aus der Nacht selbst, erfährt das Chaos eine noch tiefergreifende Veränderung. Neu und befremdlich ist bereits die Vielzahl dieser Wesen. Hesiod teilt sie in vier Dreiergruppen ein: Tod, Schlaf und Träume – Tadel, Jammer und die Hesperiden – Moiren, Keren und die Nemesis – Täuschung, Liebe, Alter. Dazu kommt Eris, die Gebärerin der streitsüchtigen Wesen, die in einem erweiterten Sinne noch der Nacht zugehören. Auch sie bilden vier Gruppen: Not, Vergessen, Hunger und Schmerzen – Kämpfe mit und ohne Todesfolge sowie Schlachten und Männermorde – Zwistigkeiten, Lügen und Wortgefechte – Gesetzlosigkeit, Verblendung und Meineid.

Was verbindet all diese Nachtwesen? Sowohl die unmittelbar von der Nacht abstammenden wie auch die durch Eris vermittelten Wesenheiten sind, im Unterschied zu allen sonstigen theogonischen Mächten, Gewalten. Gewalttätig werfen sie Menschen nieder. Ein philosophierender Philologe, Hermann Fränkel, verpflichtet sie aus-

6 Clémence Ramnoux: *La nuit et les enfants de la nuit dans la tradition grecque*. Paris 1959, S. 42.

26

nahmslos auf die Negativität des Nicht*seienden*.[7] Sind sie aber Gewalten, so breitet sich mit ihnen Nichtsein*sollendes* aus. Daß es unter ihnen auch wünschenswerte gibt wie den Schlaf, die Träume, die Liebe oder die Hesperiden, ist Schein. Der Schein verschwindet vor der Einsicht, daß an ihnen jetzt nur interessiert, was wir nicht wollen können. Auf wohltätigen Schlaf etwa oder auf Träume, die nicht trügen, kommt Hesiod erst später zu sprechen, und der mit Täuschung einhergehenden Liebe, für die er Aphrodite verantwortlich macht, wird er noch eine von Eros geschenkte gegenüberstellen. Schließlich fällt an den Hesperiden, den durchaus gepriesenen, vorläufig einzig ins Auge, daß sie uns Menschen aus der Ferne, von jenseits des Okeanos her, in die Ferne locken, in der wir uns verlieren.

Gewalten sind die Ausgeburten der Nacht und des Streits als Schicksalsgewalten. Hesiod hat den Chaosgedanken vermutlich überhaupt nur gefaßt, weil er dem, was er später an dem ins Chasma Geratenden vorführt, auf den Grund gehen wollte. Im Chaos sieht er den Schicksalsgrund.

Mit der Ableitung schicksalhafter Verstrickungen aus dem Chaos tut er noch einen weiteren Schritt. Er fügt dem Schicksal, das der Tod vollstreckt, ein schuldhaftes hinzu. Damit trifft er eine Entscheidung, die für alle Anwälte eines uns von unten angehenden Schicksals verbindlich bleibt. Bis heute sieht man darin sowohl ein bloß erlittenes wie auch eines, das wir selbst auslösen.

Das schuldhafte Schicksal ist komplexer als dasjenige, das ohne unser Zutun über uns kommt, eben sofern wir ins

---

7 Hermann Fränkel: *Drei Interpretationen aus Hesiod*, I. Nächtige Gewalten, in: *Wege und Formen frühgriechischen Denkens*. München 1955, S. 317–319.

schuldhafte durch unsere Taten verstrickt sind. Mit dem Todesschicksal hat das schuldhafte immerhin so viel gemein, daß gerechtfertigt scheint, es unter dasselbe Wort zu subsumieren. Denn das durch Taten verursachte wächst, ist es einmal in die Welt getreten, den Menschen genauso über den Kopf wie das Geschehen, in das sie willenlos verwickelt werden. Das Todesschicksal behält demgemäß ein starkes Gewicht. Nicht zufällig beginnt die Aufzählung der Gewalten mit Todesgewalten, mit Moros, Ker und Thanatos. Sobald Hesiod aber bei den Moiren und Keren anlangt, hebt er aus der Einheit von Tod und Schuld die Art von Schicksal heraus, die in seiner Konzeption bei allem Gewicht des Todesschicksals das Übergewicht bekommt. Nicht nur seine Keren, von denen er dies ausdrücklich sagt, auch seine Moiren üben nämlich die Funktion von Erinnyen aus. Sie bestrafen die Übertretungen, mit denen jemand ein von ihm selbst zu verantwortendes Schicksal auf sich lädt.

Die Unterscheidung der beiden Schicksalsarten verhilft dazu, den auf den ersten Blick dunklen Zusammenhang von Nacht und Streit aufzuklären. Die Nacht steht für das auf den Tod zulaufende, der Streit für das schuldhafte Schicksal. Darin liegt ein Vorverständnis von Schuld, dem zufolge wir ihr durch Zerwürfnisse mit anderen verfallen. Gehört aber wirklich zusammen, was Hesiod unter den Streit subsumiert? Am wenigsten leuchtet ein, daß der Katalog mit dem Meineid schließt. Dies war vermutlich durch den von Hesiod persönlich ausgefochtenen, in seinem zweiten Opus, den *Erga*, geschilderten Streit motiviert. Alle übrigen Gestalten werden in einer aus der Sache einsichtigen Reihenfolge aufgezählt. Sie führt von einzelnen Handlungen zu der aus ihnen sich bildenden Dauerhaltung, einer habituell gewordenen Gesetzlosigkeit und einer unserer Kontrolle entgleitenden Verblendung. Aufmerksam gemacht sei hier nur auf einen Punkt, der auf den ersten Blick ganz uneinsichtig scheint, in Wahrheit aber auf die geheime Methode verweist, mit der Hesiod die Herkunft schicksalhafter Verstrickungen aus dem Chaos aufdecken möchte.

Daß er nach dem Übergang zum Streit auf Not, Vergessen, Hunger und Schmerzen zu sprechen kommt, die schwerlich etwas mit Streit zu tun haben, mag den Verdacht auf sich ziehen, er falle, kaum daß er zum schuldhaften Schicksal vorgestoßen ist, auf die Stufe eines bloß erlittenen zurück. In Wirklichkeit bleibt er einem Verfahren treu, das er schon vor dem Übergang zum Streit angewandt hat, nämlich von Wirkungen auf ihre Ursachen zu schließen, also im Darstellungsgang Wirkungen den Vorrang vor ihren Ursachen einzuräumen. Die von Moiren und Keren verhängten Strafen vergegenwärtigte er, noch ehe er das schuldhafte Verhalten benannt hatte, das sie verdient. Genauso verfährt er jetzt. Den Menschen, denen er ihre Streitschuld erst nachher vorrechnet, hält er zuerst die Folgen ihres Verhaltens vor Augen: daß sie in Not geraten und dem Vergessen anheimfallen, daß sie Hunger leiden und Schmerzen erdulden, wenn sie sich auf Streit einlassen. Der Fortschritt auf dem Weg durchs Strittige ist demnach in Wahrheit ein Schritt zurück, ein Rückgang in den Grund. Er setzt fort, was schon die vom Chaos ausgegangene Bewegung hin zu allen schicksalhaften Verstrickungen charakterisiert. Beschrieben wird in alledem ein Schicksal, das seinen Grund im Chaos hat.

An dieser Stelle muß ich meine Hesiod-Exegese abbrechen, weil sonst die moderne Transformation antiker

Schicksalsbegriffe, auf die ich den Schwerpunkt legen möchte, zu kurz käme. Mit seinem Versuch, schicksalhafte Verstrickungen aus dem Chaos zu begründen, liefert Hesiod seinen nach meiner Einschätzung philosophisch bedeutsamsten Beitrag zur Sache. Der Versuch steht aber unvermittelt neben einem geschichtlich viel wirkmächtiger gewordenen Schicksalsgedanken, zu dem Hesiod im Fortgang seiner *Theogonie* übergeht: dem Gedanken eines absoluten Fatums, das er ganz anders begründet, nämlich aus einer alles im voraus festlegenden Vorherbestimmung. Dieser Bruch ist, meine ich, nur daraus zu erklären, daß Hesiod der Macht jenes Volksglaubens erliegt, dem Homer seine moderate Konzeption abzuringen wußte.

In der Moderne kehrt die im frühen Altertum, mit Homer und Hesiod, sich abzeichnende Alternative im Umgang mit der Schicksalsvorstellung verwandelt wieder. Zu zeigen wird beides sein: ihre Wiederkehr und ihre Verwandlung. Daß sie, wenn sie überhaupt wiederkehrt, nur verwandelt wiederkehren kann, ist zu erwarten. Weniger selbstverständlich ist ihre Wiederkehr selbst. Herrscht doch die Meinung vor, so etwas wie Schicksal sei beim Abschied der Moderne von der Antike zuallererst mit verabschiedet worden. Um so schärfer wird vor dem Wie das Daß der Wiederkehr herauszuarbeiten sein.

Beispielhaft für die moderne Version des Gedankens eines Schicksals von *unten* ist eine Tendenz im Werk Goethes, am stärksten hervortretend in seinen *Wahlverwandtschaften* (1809). Einen Zugang zu diesem Roman eröffnet Walter Benjamins Aufsatz *Goethes Wahlverwandtschaften* (1922),[8] nicht nur weil er den Roman einer philosophischen Interpretation unterzieht. Geradezu unumgänglich ist Benjamins Aufsatz als ein an der Antike orientierter Aneignungsversuch. Gelingen und Mißlingen dieses Versuchs werden voneinander abzuheben sein. Beides zusammen soll uns in die Lage versetzen, Goethe gleichsam gegenzulesen. Angeleitet von Benjamin, geht es also zunächst um eine Erstlektüre des Romans. Ihr soll eine näher an dessen Konzeption herantretende Zweitlektüre folgen. Um die Hauptsache vorwegzunehmen: Mit Hilfe eines überdehnten und entleerten Begriffs vom Mythischen rückt Benjamin aus meiner Sicht Goethe zu nahe an eine im Mythischen befangene Antike heran. Die Zweitlektüre wird demgegenüber das Moderne an Goethes Schicksalsverständnis betonen müssen.

In seinem Aufsatz läßt sich Benjamin von der richtigen Annahme führen, daß Goethes Roman von 1809 methodisch verfaßt und darum nur durch »die beharrliche Verfolgung seiner Methodik« (S. 162) zu erschließen sei. Unter Benjamins eigenen Methodenprinzipien ragen zwei heraus. Er will zum einen vom »Ganzen der Darstellung« ausgehen, nicht von den Charakteren, zum andern nicht am »Sinn des Dichters« anknüpfen, sondern an »dem entschiedeneren seines Werks« (S. 140). Indem er das Ganze der Darstellung und den am Werk selbst ablesbaren Sinn zum Leitfaden nimmt, geht ihm auf, daß Goethe eine Schicksalskonzeption vorträgt. Dies vor allem macht seinen Aufsatz wertvoll, ungeachtet dessen, daß er am Schicksal das Verhängnis überbetont und dadurch seinem eigenen Verständnis der Sache annähert. Über den Romanfiguren waltet

---

8 Walter Benjamin: *Gesammelte Schriften* I, 1. Frankfurt am Main ²1978, S. 123–201. Die im folgenden, Benjamin gewidmeten Abschnitt angegebenen Seitenzahlen beziehen sich, wenn nicht auf Goethe-Texte, auf diesen Aufsatz.

tatsächlich ein Verhängnis, weil sie alle »unter einem namenlosen Gesetze dahinleben« (S. 134 f.). Namenlos ist das Gesetz in dem Sinne, daß die ihm Unterworfenen weder mit ihrem Bewußtsein noch mit ihrem Willen an es heranreichen, obwohl es alles regelt, was sie tun und wollen. Unter dem Schicksalsgesetz stehen die Romanfiguren, mit Ausnahme der einen Gestalt Ottilies, *bewußtlos*.

Die Werktreue der Übersetzung von Schicksal in Verhängnis erstaunt um so mehr, als Benjamin *Die Wahlverwandtschaften* in eine Perspektive rückt, aus der Goethe selber sie gewiß nicht betrachtet. Benjamin sieht den Roman im Lichte der Kritik, in der das mit Astralreligionen konfrontierte Judentum alles Schicksalsdenken vor den Richterstuhl seines radikal transzendenten Gottes zog. Am massivsten schlägt Benjamins kulturelles Erbe in einer für sein ganzes Unternehmen verbindlichen Definition durch. Sie lautet: »Schicksal ist der Schuldzusammenhang von Lebendigem« (S. 138). Schuld spielt da in Sünde hinüber. Ihre nähere Bestimmung als »Schuld, die am Leben sich forterbt« (ebd.), zitiert anonym die Erbsünde.

Welche Art von Schuld Benjamin in den *Wahlverwandtschaften* des näheren dargestellt findet, verrät in seiner Schicksalsdefinition das letzte Wort. Das Leben, das er meint, wird erst vermöge der an ihm sich forterbenden Schuld zu dem, was es ist. Es ist weder das natürliche, in welchem Menschen sich vorfinden, noch das übernatürliche, zu dem sie berufen sind; es ist das natürliche als ein solches, das sich vom übernatürlichen lossagt. Die Schuld dieses Lebens besteht in einer Preisgabe seiner Bindung an ein höheres.

Auf seine Weise kann Benjamin von hier aus den Streit schlichten, der schon bald nach dem Erscheinen des

Romans entbrannte. Den Streit hat Goethes – bei der angekündigten Gegenlesung der *Wahlverwandtschaften* zu betrachtendes – Unterfangen ausgelöst, das Gesetz wechselseitiger Anziehung und Abstoßung von Stoffen, etwa von Alkalien und Säuren, ohne Weiteres, wie man meinte, auf die Menschenwelt zu übertragen. Gewisse Zeitgenossen Goethes, allen voran Jacobi, sahen darin eine unzulässige Naturalisierung menschlichen Lebens. Den Deutungsansatz Benjamins kennzeichnet es, daß er unter der beanstandeten Naturalisierung eine Selbstnaturalisierung der Menschen versteht. Es ist deren Selbstnaturalisierung, die Schuld und Schicksal bis zur Indifferenz vereinigt. Als *Naturalisierung* liefert sie uns einem wie eine »Naturmacht« (S. 139) wirkenden Schicksal aus, als *Selbst*naturalisierung verstrickt sie uns in Schuld.

Nun steht die Schicksalskonzeption des Romans *Die Wahlverwandtschaften* in einem größeren Zusammenhang. Sie ist eingebettet in Bemühungen um das Ungeheure, Unfaßliche, von dem eine prominente Passage in *Dichtung und Wahrheit* berichtet.[9] Im Laufe seines Lebens festigte sich in dem, der da Rechenschaft über seinen Werdegang ablegt, die Überzeugung, »daß es besser sei, den Gedanken von dem Ungeheuren, Unfaßlichen abzuwenden«. Denn er fühlte sich davon bedroht.

Wegen seiner Unfaßlichkeit verwehrt das Ungeheure dem auf sein Leben Zurückblickenden, es in Begriffe zu fassen. Der Name, auf den er es tauft, bringt nur die Unfaßlichkeit selber zum Ausdruck. Goethe nennt es »dämo-

---

9 *Goethes Sämtliche Werke*, Bd. 21. Stuttgart 1895, S. 355 f. Die im Folgenden ohne Seitenverweis zitierten Stellen stammen aus dieser Passage. Benjamin setzt sich mit ihr auf S. 149 f. seines Aufsatzes auseinander.

nisch«. Immerhin versucht er, dem Dämonischen durch Abgrenzungen näher zu kommen. In Erinnerung an seine Begegnungen mit natürlicher, positiver und verallgemeinerter Religion ruft er sich auch ins Gedächtnis, was zwischen diesen Sphären »zu keiner von allen gehören mochte«, aber schicksalhafte Züge trug: »Es glich dem Zufall, denn es bewies keine Folge; es ähnelte der Vorsehung, denn es deutete auf Zusammenhang«, und es war im Ganzen ein »Wesen, das zwischen alle übrigen hineinzutreten, sie zu sondern, sie zu verbinden schien«. Die einen zu sondern, die andern zu verbinden, wird sich als die Art und Weise zeigen, wie in den *Wahlverwandtschaften* den einen wie den andern ihr Leben zum Geschick wird.

Indem der auf sich selbst Reflektierende in das Unfaßliche schicksalhafte Züge lediglich einzeichnet, rückt er sie in das Licht, das vom Unfaßlichen her auf sie fällt. Was sich ihm als schicksalhaft darstellt, ist und ist *nicht* Natur. Die Natur setzt Goethe dem Ganzen gleich. Aber das Unfaßliche ist nicht das Ganze. Es ist bloß *in* der Natur. Als dasjenige, das – so die Modellpassage aus *Dichtung und Wahrheit* – »sich nur in Widersprüchen manifestiert(e)«, meint es Chaos. Das Wort fällt im Kontext nicht, ebensowenig wie irgendein anderes, das mehr sein soll als eine Anzeige auf die Unfaßlichkeit des Unfaßlichen. Doch leitet das Dämonische auf eine Erscheinung des Chaos in der Welt hin. Sein Element ist das Wasser, nach Benjamin »das chaotische Element des Lebens« (S. 133). In der gestaltlosen Gestalt des Wassers kehrt die Ambivalenz wieder, die Goethe dazu bewegt, das Ungeheure, Unfaßliche als dämonisch zu bezeichnen. Wasser ist, so sein Interpret, »das Spiegelnde, Klare und Klärende«, aber zugleich »das Schwarze, Dunkle, Unergründliche« (S. 183). Die Ambivalenz des Wassers im Allgemeinen, die Benjamin hier stellvertretend für Goethe ausbuchstabiert, begegnet in den *Wahlverwandtschaften* als die besondere des stehenden Gewässers, und ihr zumal schenkt Benjamin seine Aufmerksamkeit. Sie nimmt in dem Roman einen schicksalhaften Zug an. Erweist sich doch der Lustsee, der dank seiner Stille so heißt, als mörderisch. Benjamin entnimmt dem einen Hinweis auf das Chaos. In seinem Handexemplar fügt er in den Satz vom Erscheinen des Ungeheuren, Unfaßlichen »vorweltlich« ein.[10] Das Chaos bleibt so sehr das Vorweltliche, welches es bei Hesiod war, daß es mitten in der Welt auch vorweltlich erscheint.

Hinter dem zu Benjamin bisher Gesagten steht keineswegs die Meinung, er begründe Schickal im Chaos so ausdrücklich, wie dies Hesiod tut. Zum Chaos stellt er bloß Beobachtungen an, die den Gedanken an Hesiod aufkommen lassen. Vor allem ist das Chaos nach seinem Selbstverständnis gar nicht das Letzte. Beides – Schicksal und Chaos – glaubt er im Mythischen fundieren zu können. Das Mythische zeigt nach dem Verständnis Benjamins ein Doppelantlitz. Wiewohl nicht so bezeichnet, spaltet Benjamin es faktisch auf in das Antik-Mythische und das Mythische in der Moderne. Weder das eine noch das andere liegt aber auf der verlängerten Linie des auf dem Untergrund des Chaos gesehenen Schicksals, das Antik-Mythische nicht, weil Benjamin im Fortschreiten zu ihm vom Weg Hesiods abkommt, das Mythische in der Moderne nicht, weil er damit über Schicksal und Chaos umgekehrt kaum hinauskommt.

---

10 Vgl. Anmerkung zur Stelle in der Benjamin-Ausgabe, *Gesammelte Schriften* I, 3, S. 847.

Die Stellen in Benjamins Aufsatz, an denen er vom Mythischen fast so pauschal spricht wie sein Zögling Adorno, darf man wohl vernachlässigen. Hätten wir uns noch auf die Mythenrezeption Hesiods einlassen können, so wäre aktenkundig geworden, daß das Antik-Mythische allein schon bei ihm in grundverschiedenen Gestalten auftritt, deren Nivellierung es unkenntlich macht. Sieht man aber von den sie einebnenden Stellen ab, so bleibt als Benjamins einziges Demonstrationsobjekt für das Antik-Mythische Ottilie übrig. Ottilie bietet sich dafür in seinen Augen an, weil sie das selber unschuldige »Opfer zur Entsühnung der Schuldigen« (S. 140) wird. Das Antik-Mythische, das tatsächlich ein solches Opfer verlangt, ist aber anderer Art als das zum Schicksalsgrund erklärte. Es ist, was es sein soll, nur im Modus seiner Aufhebung. Hierauf deutet bei Benjamin selbst ein Widerspruch in seinen Aussagen über Ottilie. Sie verkörpert für ihn den »Schein einer Unschuld des natürlichen Lebens« (S. 174). Ein Opfer für die Entsühnung der Schuldigen muß aber *wirklich* unschuldig sein. Darum muß auch Benjamin einräumen, daß Goethes Roman mit dem Auftauchen Ottilies beginnt, »der mythischen Welt zu entwachsen« (S.173). Sein Zugeständnis bereitet den Übergang zum Mythischen in der Moderne vor. Die Selbsttranszendenz des Antik-Mythischen bekommt er als geschichtlich reale zu fassen. Mit der wirklichen Unschuld des Opfers kündigt sich das Christentum an. Von daher ist überhaupt nur zu verstehen, wieso Benjamin auf den Opfermythos setzt: Er bewegt sich von Anfang an auf das Modern-Mythische zu.

Benjamins Paradigma für das Modern-Mythische ist kein anderer als Goethe, der Mensch Goethe in seinem Kampf mit sich selbst. Einen Einblick in den Kampf, der in dem Dichter tobt, gewährt der Wandel seines Werkes. Der zum Mann erst reifende Goethe ist für seinen Interpreten dem Mythischen verfallen. Mythisch aufgefaßt ist da die Natur als das die Dinge Verschlingende, die Unterschiede zwischen ihnen Tilgende und infolgedessen Monströse. Benjamin wörtlich: »Unterscheidungslos verfällt das Dasein dem Begriffe der Natur, der ins Monströse wächst, wie das Fragment von 1780 lehrt« (S. 173).[11] Daß Goethe selbst darin zu versinken droht, verrät seine Angst, zumal die vor dem Tode, der »die gestaltlose Panarchie des natürlichen Lebens« (S. 151) aufrührt. Diese Panarchie ist gleichbedeutend mit dem Chaos, zu dem das natürliche Leben gerät, wenn es sich durch seine Abwendung vom Leben des Geistes als das Ganze setzt, das es an sich nicht ist. Zu dem Schlußsatz des *Die Natur* betitelten Fragments, welcher der Natur alles Wahre und alles Falsche, jedes Verdienst und jede Schuld zuschreibt, merkt Benjamin an: »In dieser Weltbetrachtung ist das Chaos« (S. 149). Hinter Goethes Angst vermutet er aber »die Gewalt uralter Mächte« (S. 151). In ihr kehrt, so seine Diagnose, die Angst wieder, mit der »die mythische Menschheit« (ebd.) ihren Umgang mit dämonischen Kräften bezahlt.

Nun spiegelt der Wandel des Goetheschen Werkes für den, der in diesen Spiegel schaute, auch den »Protest« (S. 165) wider, den der Alternde gegen die mythische Welt einlegte. Um eine »Lösung aus deren Umklammerung« (S. 164) ringt Goethe in seinen späten Dichtungen, so glaubt Benjamin feststellen zu dürfen, zunehmend leidenschaftli-

---

11 Benjamin bezieht sich auf das von G. Chr. Tobler nach »Goetheschen Ideen« aufgezeichnete Fragment *Die Natur* von 1782, *Goethes Sämtliche Werke*, Bd. 33. Stuttgart 1895, S. 199–202.

cher. Die »Wende« (S. 165) leiten *Die Wahlverwandtschaften* ein. Um diese These nachvollziehen zu können, bedarf es einer gewissen Rücksicht auf die Poetologie, mit der Benjamin an den Roman herangeht. Er unterscheidet zwischen dem Sachgehalt und dem Wahrheitsgehalt des Romans. Unter dem Sachgehalt versteht er den Stoff. Darauf soll das Mythische in den *Wahlverwandtschaften* beschränkt sein. Benjamin spricht denn auch von der »mythischen Stoffschicht des Werkes« (S. 146). Die Eingrenzung des Mythischen auf den Sachgehalt und seine Abgrenzung vom Wahrheitsgehalt schaffen also eine Distanz zu ihm, die den immer lauter werdenden Protest gegen die mythische Welt ankündigt. Wenn Benjamin behauptet, Goethe habe das Mythische »zur Grundlage seines Romans gemacht« (S. 140), so meint er mit Grundlage nur die Basis, über die der Gedanke sich erhebt. Der Wahrheitsgehalt liegt in diesem Gedanken. Auf ihn zielt die These, in Goethes spätesten Werken treffe man »Mythisches auch im Gehalt, nicht allein in den Stoffen an« (S. 164 f.). Aber in den Wahrheitsgehalt dringt Mythisches nur vermöge der Kritik an ihm ein oder eben dadurch, daß Distanz zum Protest wird.

Kritik zieht aber auch Benjamins eigene Theorie des Modern-Mythischen auf sich. Sie verschreibt sich einem redundanten Begriff, der nichts erschließt über das hinaus, was bereits der Chaosbegriff zu erkennen gibt. Anders verhielte es sich, wäre wenigstens das Antik-Mythische, dessen Nachfolge das Modern-Mythische antritt, inhaltlich bestimmt. Dann könnte dieses sich durch Abwandlung vom Antik-Mythischen gegen das Chaos abheben. Aber auf das Antik-Mythische, das im unschuldigen Opfer für die Schuldigen sich aufhebt, greift seine Theorie des Modern-Mythischen nicht zurück, und das Antik-Mythische, das bleibt, was es ist, füllt sie nicht auf, da sie nicht nachholt, was dessen Rezeption versäumt hat: die Beschreibung der vielfältigen Gestalten, in die Mythisches seit je zersprengt war.

Allein, gerade wegen des Mangels, an dem der Versuch Benjamins leidet, Goethe als Zeugen für das Mythische in der Moderne aufzurufen, kann daran eine Gegenlesung der *Wahlverwandtschaften* anknüpfen. Da der Sachgehalt des Romans, so wie Benjamin ihn liest, etwas Mythisches ist, das keine Eigensubstanz besitzt, löst er sich in nichts auf. Um ihm Substanz zu verschaffen, brauchen wir in einer Zweitlektüre nur das Stichwort *Natur* aufzunehmen.

Stolz versichert Goethe, er habe seinen Roman von 1809[12] »nach Darstellung einer durchgreifenden Idee gearbeitet«.[13] Seine Leser fordert er auf, »die eigentlich intentionierte Gestalt«,[14] die allen Einzelheiten zugrunde liegende Idee, im Blick zu behalten. Seine Idee ist, daß eine Zweierverbindung durch die »Dazwischenkunft eines Dritten« (S. 13) ihren Charakter verliert. Am Ende seines Jahrhunderts wird die Soziologie diesen Gedanken durchbuchstabieren, indem sie aus der von einem Dritten angezettelten Revolution die ganze Gesellschaft ableitet. Schon *Die Wahlverwandtschaften* sind derart großräumig angelegt. Die Zweierverbindung, von denen ihr Autor ausgeht, ist zwar eine

12 Goethes Roman *Die Wahlverwandtschaften* wird zitiert nach seiner wohl am leichtesten einsehbaren Ausgabe, der des Deutschen Taschenbuchverlags, München 1980, die der 9. Auflage des 6. Bands der »Hamburger Ausgabe« (1977) folgt. Soweit nicht anders vermerkt, beziehen sich die im folgenden Abschnitt angegebenen Seitenzahlen auf sie. Dem Anhang zu ihr sind auch die in diesem Abschnitt angeführten Urteile Goethes und seiner Zeitgenossen über *Die Wahlverwandtschaften* (S. 259–292) entnommen.

13 Im Gespräch mit Eckermann, 6. Mai 1827.

14 Brief an Zelter, 24. Juli 1809.

Ehe, die Eduards mit Charlotte. Aber als Eheroman wäre sein Werk – darin hat Benjamin volkommen Recht – mißverstanden. Friedrich Wilhelm Riemer, Hauslehrer seines Sohnes August, notiert die Aussage des Autors, »seine Idee bei dem neuen Roman *Die Wahlverwandtschaften* sei: sociale Verhältnisse und die Conflicte derselben symbolisch gefaßt darzustellen«.[15]

Wiewohl ausgehend von einer Zweierverbindung, verherrlicht der Autor demgemäß keine gegen Gesellschaft ausgespielte Gemeinschaft. In Charlottes Umschreibung der Zweierverbindung als »innige, unauflöslich scheinende Verbindung zweier Wesen« (S. 40) meint scheinend: scheinbar. Auch ihre Verbindung mit Eduard löst sich ja in Wirklichkeit auf. Von Anfang an trug sie den Keim ihrer Auflösung in sich, bei Eduard in Form eines reinen, bei ihr selbst in Form eines dual erweiterten Autismus. Wollte der Mann »sein ganzes Dasein gleichsam abschließen«, so war die Frau bereit, sich mit ihm zu verbinden, »damit wir uns selbst leben« (S. 11). Eine solche Gemeinschaft läßt sich nicht wiederherstellen. Die Meinung, »in einen frühern, beschränktern Zustand könne man zurückkehren«, tut Goethe als »Wahn« ab (S. 94).

Schicksal ist nun in den *Wahlverwandtschaften* das Geschick, das eine mit einer anderen verbundene Person durch eine neu hinzutretende erleidet. Darauf läßt sich wenigstens das nach einer durchgreifenden Idee dargestellte Schicksal reduzieren. Seine Idee setzt Goethe in einen denkbar einfachen *Plot* um: Eduards rasch entflammende Leidenschaft für Ottilie, die Nichte Charlottes, die sie aus

---

15 Riemers Tagebuch vom 28. August 1808.

einer Pension zurückgeholt und zu sich genommen hat, bewirkt, daß Charlotte selbst, wie sie in Erinnerung an viele ihr bekannte Fälle sagt, »ins lose Weite hinausgetrieben« (S. 40) wird. Der *Plot* steht für den Begriff, in den Goethe die Vorstellung von einem Schicksal überführt. Erweiterungen des Grundgeschehens und Brechungen im Spiegel des Bewußtseins der daran beteiligten Personen können zunächst dahingestellt bleiben. Vordringlicher ist ein Blick auf das Modell, nach dem Goethe seine Idee ausgestaltet. Erst aus diesem Modell empfängt der Schicksalsgedanke des Romans seine ganz und gar nicht mehr triviale Bestimmtheit.

Die Schrift des schwedischen Chemikers Torbern Bergman *De attractionibus electivis* (1775) handelt nach ihrer deutschen, von Goethe benutzten Ausgabe von Wahlverwandtschaften. Wahlverwandtschaften definiert Bergman so, daß »zwei Stoffe mit einander vereinigt sind, und ein dritter, der hinzukommt, einen derselben aus seiner Verbindung trennt und ihn zu sich nimmt.«[16] Den Einfluß des Schweden auf Goethe bekräftigt, daß der Roman, der einen von jener Schrift angeregten Titel trägt, an der *affinitas duplex* ausgerichtet ist, in der laut Bergman ein vierter Stoff sich dem aus seiner Verbindung gerissenen zugesellt: Infolge fortschreitender Entfremdung Eduards von ihr schließt Charlotte sich einem Jugendfreund ihres Gatten an, dem Hauptmann.

Die bereits im Zuge der Auseinandersetzung mit Benjamin angerührte Frage ist, ob Goethe die Attraktion und Repulsion von Stoffen auf Menschen überträgt. Seine zeit-

---

16 Vorwort Bergmans zu G. T. Scheffers Chemischen Vorlesungen, deutsch: Greifswald 1779, S. XVII.

genössischen Kritiker, die ihm, wie Jacobi, Materialismus vorwerfen, zeigen hiermit, daß sie die Frage ebenso uneingeschränkt bejahen wie sein Bewunderer Schelling, den die naturphilosophische Fundierung des Romans begeistert hat. Im Gegensatz zu ihnen sieht zum Beispiel der Herausgeber der Hamburger Goethe-Ausgabe in der Mobilisierung Bergmans für die Einsicht in menschliches Verhalten einen Scherz. Goethes eigener Standpunkt ist aber unzweideutig. Seine volle Zustimmung fand Rudolf Abekens Brief an ihn, in welchem es heißt, er, Goethe, wolle plausibel machen, »wie es *eine*, nur gesteigerte, Kraft ist, die leblose Stoffe zu einander zwingt und diesen Menschen zu einem andern zieht«.[17] Was daraus für den Schicksalsbegriff des Romans folgt, dürfte klar sein. Goethe siedelt das Geschick seiner Romanfiguren auf der Naturbasis menschlichen Daseins an, als eines, das Menschen von unten affiziert.

Nun prophezeit Abeken im selben Zusammenhang, daß die neuere Naturlehre von lebendigen Kräften noch manches Geheimnis enthüllen würde, vor dem alle grauen möchte, welche »die Beobachtung der Menschen und ihrer Schicksale nicht gelehrt hat, daß etwas in ihrem tiefsten Innern liegt, was über jenen Kräften ist« (ebd.). Den Autor der *Wahlverwandtschaften* hatte sie es bereits gelehrt. So wenig Goethe über die Naturbasis des Menschendaseins hinwegspringt, so wenig schränkt er es auf sie ein. Nach dieser Seite ist zu beachten, daß er in der so genannten Übertragung eine Rückübertragung erblickte. In einer Selbstanzeige nennt er Bergmans Terminologie eine »chemische Gleichnisrede«, und an derselben Stelle sagt er von

---

17 Anhang zur DTV-Ausgabe der *Wahlverwandtschaften*, S. 266.

sich in dritter Person: »Er mochte bemerkt haben, daß man in der Naturlehre sich sehr oft ethischer Gleichnisse bedient«.[18] Hier zielt »ethisch« auf alles, was am Menschen nicht Natur ist. Statt daß Goethe Menschen naturalisieren würde, hat danach Bergman Natur humanisiert. Dies trifft ja auch auf Bergmans Gebrauch des Wahlbegriffs zu, an den die Frage zu stellen ist, ob man ihn auf Alkalien und Säuren anwenden darf.

Die mittlere Stellung menschlichen Daseins zwischen reiner Natur und Übernatur versucht Goethe zu treffen, indem er auch dort, wo er Natur überschreitet, in ihrer Nähe bleibt. Er verfolgt Schicksale von Menschen über deren Naturabhängigkeit hinaus, ohne daß er zu einem übersetzte, das schlechterdings jenseits von Natur abliefe. In den *Wahlverwandtschaften* zeigt sich seine Strategie am augenfälligsten an der Art und Weise, wie er mit den erwähnten Brechungen des Grundgeschehens im Spiegel des Bewußtseins der daran beteiligten Personen umgeht. Im Vordergrund steht eine an der Egozentrik der Subjekte geübte Kritik, die sich Realität zum Maßstab nimmt. Daß Subjekte ihr Schicksal nach ihren Wünschen zurechtlegen, ist ein ethischer Mißstand, für den kein Naturfaktum aufkommt. Aber die Realität, die sie Lügen straft, ist die der Natur. Für sie steht der Lustsee, in dem das der Nichte anvertraute Kind Charlottes ertrinkt. Eduard, der den Unfall als eine Fügung betrachtet, die »jedes Hindernis an seinem Glück auf einmal beseitigt« (S.226), und der Hauptmann, der das Kind zu einem Opfer verklärt, das ihm nötig scheint »zu ihrem allseitigen Glück« (S.226), richten sich

---

18 *Morgenblatt für gebildete Stände* vom 4. September 1809.

selbst. Wenn jedoch Charlotte ihren Realitätssinn, der sie
über die Männer erhebt, auf Maßnahmen verwendet, die
»alles Schädliche, alles Tödliche« (S. 33) aus ihrer Umge-
bung entfernen sollen, obwohl sie die Ohnmacht solcher
Maßnahmen durchschaut, dann kann nur noch die ihnen
trotzende, in der Dämonie des Wassers aufbegehrende
Natur selbst das Urteil sprechen.

Daß Schicksal über Natur hinausreicht, aber sie nicht
hinter sich läßt, mag der Kritiker eines sie mißachtenden
Subjektivismus tatsächlich am augenfälligsten bezeugen.
Augenfälliges ist allerdings nicht schon das Wesentliche.
Zur Erkenntnis des Wesentlichen verhilft ein Ausgriff auf
die im zweiten, kommentierten Druck 1820 erschienenen
Urworte orphisch,[19] die es direkter ansprechen. Zwei ihnen
zu entnehmende Punkte lassen sich mit ihrer Hilfe aus dem
Roman herausheben. Sie markieren Hauptstationen auf
dem schon im Roman beschrittenen Weg zu einem transna-
turalen Schicksal. Als orphische Urworte zählt Goethe
außer Liebe und Hoffnung *Daimon*, *Tyche* und *Anagke*
auf. Alle drei sind Schicksalsworte. Als Anagke bezeichnen
die Griechen vorlogisch eine zwanghafte Notwendigkeit.
Sie bildet den Abschluß der Reihe, weil sie das Ganze in
sich versammelt. Der eine Aspekt des Ganzen ist *Tyche*,
nach Goethes deutschem Ausdruck für sie »das Zufällige«.
Denn das Zufällige bleibt gerade als das Andere des zwang-
haft Notwendigen in seinem Bann. Es haftet an einer Fakti-
ziät, in der man den verlängerten Arm der Naturnotwen-
digkeit sehen kann. Der andere Aspekt des Ganzen trägt
den Namen Daimon. Mehr jüdisch-christlich als griechisch

---

19 *Goethes Sämtliche Werke*, Bd. 4. Stuttgart 1893, S.277–288. Zum Erstdruck der
   fünf Stanzen im zweiten Heft der Morphologie vgl. Bd. 2, S. 151 f.

wird er so erläutert: »... der Dämon freilich hält sich durch alles durch, und dieses ist denn die eigentliche Natur, der alte Adam«. Der Name muß herhalten für die Bezeichnung des *status corruptionis*, einer die gottgeschaffene Natur verdunkelnden, zweiten Natur, in der eine pathologisch zwanghafte, weil verschuldete Notwendigkeit herrscht. Zufall und eine Verdorbenheit, die als Schuld unzureichend begriffen wäre, sind die beiden Punkte in den *Wahlverwandtschaften*, auf die von den orphischen Urworten her ein helleres Licht fällt.

Im Gespräch mit den Theaterleuten hatte Wilhelm Meister eine Lehre von den Gattungen der Dichtkunst entworfen. Ihr zufolge stellen Drama und Roman gleichermaßen Schicksale dar, die aber im Drama aus schuldhaften Verhaltensweisen, im Roman aus zufälligen Verwicklungen entstehen. Neu gegenüber den früheren Romanen Goethes ist an dem von 1809 zweierlei: erstens, daß der Zufall zum Darstellungprinzip wird, zweitens, daß Schuld ins Spiel kommt, sogar als eine den Schuldbegriff überschreitende Verdorbenheit. »Auffallend ist«, schrieb Jacob Grimm an seinen Bruder Wilhelm im Entstehungsjahr der *Wahlverwandtschaften*, »wie Goethe den Zufall und ein heimliches Schicksal gegen seine sonstige Art mannigfaltig hat walten lassen.«[20] Keine Figur des Romans hat ein Bewußtsein von der Relevanz, die eine andere für sie gewinnen wird. Denn jede ist einem Zufall ausgeliefert, der die Fäden hinter ihrem Rücken verknüpft. Heimlich ist das Schicksal, das Goethe in den Wahlverwandtschaften walten läßt, in diesem Sinne.

20 Brief vom 11. November 1809.

Der Zufall sorgt denn auch dafür, daß Schicksal oberhalb der Ebene, auf der die Figuren mit elementaren Naturkräften zu kämpfen haben, in individuelle Formen zerspalten ist. Nur je für sich gestalten die Figuren ihr Schicksal, indem sie unter Bedingungen, die ihnen Übereinkunft miteinander verwehren, wenigstens nach relativer Einheit streben. Eduard erreicht das für ihn höchste Maß an Einheit in einer Vergegenwärtigung seiner so genannten »Lebensschicksale« (S. 14), von denen er im Plural sprechen muß, weil sie trotz ihrer formalen Unterordnung unter sein Leben disparat bleiben. Da treibt Charlotte den Prozeß der Einheitsbildung schon weiter. Sie dringt vor zu dem, »was im Leben zusammenhängt«, wohl wissend, daß ihr Schicksal »an diesen Zusammenhang geknüpft ist« (S. 10). Aber allein Ottilie nimmt, wie wir sehen werden, ein ihr ganzes Leben prägendes Schicksal in den Blick, allerdings eben bloß in den Blick, nicht in den Griff. Sie vermag es nicht zu realisieren.

Der zweite in *Urworte orphisch* herausgestellte Punkt war die zur Korruptheit totalisierte Schuld. Die Präsenz des Schuldschicksals in unserem Roman unterstützt Interpreten, die darin Züge einer ins Epische umgesetzten Tragödie zu entdecken glauben. Dieser Punkt bedarf einer etwas eingehenderen Betrachtung, weil er auf dem Weg über Natur hinaus, wenn auch nicht über Natur hinweg, eine fortgeschrittene Etappe bezeichnet. Daß die Eheleute überhaupt Schuld auf sich laden, ist in ihrer eigenen Sicht nur beiläufig der Fall. Eduard räumt höchstens ein, an den Verwirrungen, welche die Einladung seines Freundes und Ottilies ausgelöst hat, in wertneutralem Sinne schuld zu sein; er ist, meint er, »unschuldig die Schuld an allem« (S. 216), also bloß causa. Über das Selbstverständnis der Partner urteilt indes das Romangeschehen. Eduard und Charlotte hatten bereits die Nacht verbracht, in der sie eine Art Gedanken-ehebruch begingen, sofern er an Ottilie, sie an den Haupt-mann dachte, als die Verschleierung der Realität allgemein wurde. Goethes Kommentar dazu: »So setzen alle zusam-men, jeder auf seine Weise, das tägliche Leben fort (...); alles scheint seinen gewöhnlichen Gang zu gehen ...« (S.97). Alle leben in einer immer weiter um sich greifenden Verblen-dung. Die Verblendung, die Ate der Griechen, ist eine Schuld, die selbst eine Art von Schicksal darstellt, weil sie sich dem Schuldigen entzieht. In sie übersetzt Goethe den jüdisch-christlich gedachten *status corruptionis* zurück.

Die Erwägungen zum *Daimon* verlangen, Ottilie in sie einzubeziehen, obwohl das stille Mädchen auf den ersten Blick davon wenig berührt wirkt. Im Verhältnis zu allen anderen Figuren des Romans nimmt sie eine Sonderstellung ein, sofern in sie »die Saat eines großen Schicksals ausgesäet worden« (S. 136). Daß ihr Schicksal groß ist, heißt: Es formt ihr Leben zu einer Lebens*bahn*. Paradoxerweise verdankt sie dies aber der Tatsache, daß sie und außer ihrem Schöpfer nur sie Schicksal als das Verhängnis reflektiert, in das hier alle verstrickt sind. Verhängnisvoll daran scheint ihr, daß sie mit ihrer Zuwendung zu Eduard aus ihrer Lebensbahn geschritten ist und nicht wieder hinein soll, weil sie zu schwach war, sich einer Wiederbegegnung mit ihm zu ent-ziehen – ein Bekenntnis, dem sie hinzufügt: »Ein feindseli-ger Dämon, der Macht über mich gewonnen, scheint mich von außen zu hindern ...« (S. 241 f.) Nun geht ihr die Ver-pflichtung, eine Lebensbahn zu durchlaufen, erst in dem Augenblick auf, da sie aus ihr geworfen wird. Ihr Privileg, ein großes Schicksal zu haben, fällt ihr aus dem Verhängnis zu.

Das Große und zugleich Schreckliche nennt Ottilie mit Sophokles »das Ungeheure« (S. 230). Aber aus ihrem so umschriebenen Verhängnis gibt es einen Ausweg, einen einzigen. Aus ihm führt Entsagung heraus. Zu entsagen beschließt Ottilie, nachdem Gedanken an Buße oder ein entbehrungsreiches Leben im Dienst anderer nur die Einsicht befördert hatten: »Alle Büßungen, alle Entbehrungen sind keineswegs geeignet, uns einem ahnungsvollen Geschick zu entziehen, wenn es uns zu verfolgen entschieden ist« (S. 231). Ans Entsagen hingegen scheint Ottilie die Hoffnung geknüpft zu haben, dem ahnungsvollen Geschick, in der Sprache Goethes gleichbedeutend mit Verhängnis, sehr wohl entzogen zu werden. Aber Entsagen ist entweder ein Allem-Entsagen oder gar keines. Ottilie entsagt allem. Das heißt: Sie wählt den Tod. Und mit ihrem Ja zum Tod stirbt auch die Hoffnung. Ottilie erliegt genau dem Ungeheuren, dem sie sich verweigern wollte.

Zum Abschluß des Versuchs, die moderne Version eines Schicksals von unten an Goethes *Wahlverwandtschaften* zu erläutern, sei nochmals Rudolf Abeken das Wort gegeben. Er belehrt uns über den Zusammenhang zwischen dem als Natur begriffenen Schicksal, von dem wir ausgegangen waren, und dem über Natur hinausweisenden, auf das wir zugegangen sind. Abeken spricht für den Autor, wenn er schreibt: »Wo in den übrigen Wesen die Natur ihre Kräfte walten läßt, da entsteht Leben, da ist Dauer; und den Menschen vernichtet sie oft durch eben diese Kräfte.«[21] Dieselbe *attractio electiva*, die in der außermenschlichen Natur Leben schafft, kann in Menschen, die ihr nachgeben, Leben zerstören. Noch kurz vor dem Ende heißt es von Eduard

---

21 Anhang zur DTV-Ausgabe, S. 267.

und Ottilie: »Nach wie vor übten sie eine unbeschreibliche, fast magische Anziehungskraft gegeneinander aus« (S. 243). Aber gemeinsam ist ihnen auch das Ende selber. Hungert Ottilie sich zu Tode, so wird Eduard eines Tages tot aufgefunden, das eine so unheroisch wie das andere. Sie finden sich vereint in einem Schicksal, mit dem Natur alle Anstalten, über sie hinaus zu gelangen, schließlich einholt.

Nun zur modernen Version eines Schicksals von *oben*. Ein Modell für sie kann das von Hölderlin beeinflußte Denken Heideggers sein. Dazu taugt es um so mehr, als Heideggers Schicksalskonzept von seiner Auslegung eines bestimmten Hölderlin-Gedichts abzulesen ist, der Rheinhymne. Im voraus nur zwei Bemerkungen über Punkte, auf die abzuheben sein wird. Der erste Punkt: Der frühe Heidegger – und aus seiner Sicht auch Hölderlin – nimmt eine Position gleichsam zwischen Oben und Unten ein: Das menschliche Dasein ist sich da selbst Schicksal. Aber das derart humanisierte geht auf dem Denkweg Heideggers in eines von oben über. Der zweite Punkt: Hölderlins Schicksalsbegriff ist weiter gefaßt als der Heideggers. Der Dichter war über die Parteinahme für ein Schicksal von oben, auf die das Denken Heideggers sich zubewegt, bereits hinaus, und zwar dank eines Motivs, das er der *Theogonie* Hesiods entnommen hatte.

Das Schicksalsverständnis Heideggers ist von Hölderlin gefördert, aber nicht angeregt worden. In Umrissen hatte es sich schon vor seiner Begegnung mit Hölderlin abgezeichnet, in seinem ersten Hauptwerk.[22] Schon darin

22 Martin Heidegger: *Sein und Zeit*. Halle 1927, 2. Abschnitt, 5. Kapitel, §§ 72–75, S. 372–392. Hierauf beziehen sich die beiden folgenden Zitate.

identifizierte er Schicksal mit dem Sein des Menschen. Genauer gesagt: Er suchte es im *Vollzug* des Daseins, als das er das Sein des Menschen bezeichnete, und fand es im *eigentlichen* als dem entschlossenen Dasein. Nur wer sein Dasein in der ihn zur Eigentlichkeit befähigenden Entschlossenheit vollzieht, existiert »im Modus des Schicksals« (S. 385). Dies gilt in dem starken Sinne, daß entschlossenes Existieren das Schicksal ist und daß es sonst keines gibt. Ein Schicksal zu haben, ja zu sein, ist ein Privileg des Entschlossenen; der Unentschlossene kann »kein Schicksal ›haben‹« (S. 384).

In Heideggers Auslegung der Rheinhymne, dem bedeutendsten Teil seiner Hölderlin-Vorlesung von 1934/35,[23] kehrt die *Sein und Zeit*-These, das, was wir Schicksal nennen, falle mit dem Sein eines Menschen als eigentlich vollzogenem zusammen, in Form eines Satzes wieder, der mit den Worten beginnt: »Der Rheinstrom *ist* ein Schicksal ...« Mit dem *ist* verbindet der Sprecher die am Satz*ende* aufgestellte Behauptung, daß dieses Schicksal mit dem Lauf, den der Strom nimmt, erst »wird« (S. 196). Es ist nicht so, daß der Strom ein ihm vorherbestimmtes Schicksal nur erfüllen würde. Vielmehr schafft er es sich im Strömen selbst.

Zweifellos bringen die zitierten Worte ein Motiv der Hölderlin-Hymne auf den Punkt; sie tragen nicht bloß eine These aus *Sein und Zeit* an sie heran. In gewisser Hinsicht rechtfertigt das Motiv auch, daß Heidegger es für ein Schicksal reklamiert, welches er in seinem eigenen Denkentwurf für das Sein von Menschen ausgegeben hat. Denn

---

23 *Hölderlins Hymnen »Germanien« und »Der Rhein«.* Gesamtausgabe, Bd. 39. Frankfurt am Main 1980.

daß der Rhein das Schicksal, das er irgendwie auch *hat*, in seinem Lauf selbst ist, führt die Hymne in der Absicht vor, an ihm zu demonstrieren, wie Menschen ihr Sein zum Schicksal wird.

Die Demonstration gelingt dem Dichter, weil er in Flußläufen strömendes Leben sieht, im Lauf des Rheins also buchstäblich einen Lebenslauf. In Heideggers Kernaussage »Der Rheinstrom ist ein Schicksal ...« empfängt der unbestimmte Artikel »*ein* Schicksal« daraus seinen Sinn. Da Lebensläufe die von Individuen sind, kann auch der des Rheins nur ein individuelles Schicksal sein, nicht Schicksal »im allgemeinen«.[24] So Heidegger und so in der Sache auch schon der von ihm beerbte Dichter. Der schränkt das durch Individualität für sich bereits eingeschränkte Leben dieses Stromes in der Darstellung, die er von ihm gibt, noch weiter ein, indem er es auf Jugend und Mannesalter verkürzt. Er bricht die Biographie des Rheins ab, sobald der anfangs stürmische Strom sein jugendliches »Sehnen« (v. 86) gestillt hat und »im deutschen Lande« (v. 85) ruhig dahinfließt. Die Konzentration auf Jugend und Mannesalter deutet allerdings auf das am Leben des Rheins, was über ein gewöhnliches Menschenleben hinausweist.

Obwohl die Aussage »Der Rheinstrom *ist* ein Schicksal ...« ein Motiv der Hymne aufgreift, verfehlt sie deren Grundgedanken. Die Hymne löst die in der Aussage ihres Interpreten behauptete Identität gerade auf, und zwar in dem Gang, den sie im Ganzen nimmt. Ihr Gang kristallisiert sich um zwei Bewegungsphasen.

24 *Ebd.*, S. 185.

In der einen Phase verklärt Hölderlin den Rhein zum Halbgott. Schon das Vorwärtsstürmen des Jünglings nimmt er für ein »Rasen des Halbgotts« (v. 31). Dem Namen liegt die Fiktion zugrunde, daß der Rhein einer Verbindung von Zeus und Erde entsprungen sei. Über sie setzt sich Hölderlin jedoch rasch hinweg. Letztlich versteht er unter Halbgöttern die im Sinne der aristotelischen Melancholieschrift Herausragenden, die das Dasein gewöhnlicher Menschen übersteigen. Hierin ist die Verkürzung des dem Rhein angedichteten Lebenslaufs auf Jugend und Mannesalter begründet. Als ein Herausragender muß der Rhein auf der Höhe seines Lebens sein.

Hölderlins Betrachtung der Halbgötter im Licht der *perittoí*, auf die hin die Aristoteles-Schule Melancholie auslegt, nimmt Heidegger zum Anlaß, sie nach dem Vorbild der eigentlich Existierenden von *Sein und Zeit* zu modellieren. Dasselbe Schicksal, das mit dem Selbstsein von Menschen zusammenfiel, identifiziert er nun mit dem »Seyn der Halbgötter«. Unbeachtet bleibt dabei indes der Wesenswandel, der, aristotelisch gedacht, aus normalen Menschen Herausragende macht. Herausragende reichen zwar nicht an Götter heran. Aber sie werden ihnen ähnlich. Im Unterschied dazu sind ja eigentlich Existierende nur entschlossen zu dem, was sie schon waren.

In der anderen die Bewegung der Hymne intensivierenden Phase verfolgt Hölderlin eine plötzliche Richtungsänderung des Rheins. In ihr will er ergründen, warum der Rhein sich an einer genau lokalisierbaren Stelle abrupt nach Norden umwendet. Das Sich-Umwenden deutet er als Umgewendet*werden*. Daß den Rhein anfangs »nach Asia trieb die königliche Seele« (v. 37), nimmt auf, was Hölderlin von sich sagt: daß ihm »die Seele / Italia zu geschweift / Und fernhin an die Küsten Moreas« (vv. 13–15), nach Griechenland. Das Sehnen des Jünglings gerät zum Sinnbild seiner eigenen Griechensehnsucht. Aus ihr reißt das Herumgerissenwerden heraus. Die Abwendung von Hellas ist eine Zuwendung zur Realität.

Hölderlins Bekenntnis, daß mit der Seele des Rheins auch die seinige ihn nach Asia *trieb*, will beim Wort genommen werden: Der jugendliche Fluß gibt einem unwiderstehlichen, aus seiner Natur kommenden Drang nach. Darum die Gewalt gegen sich selbst, die ihm seine Wendung nach Norden abverlangt. Er muß sich von seinem natürlichen Trieb losreißen. So kann er eigentlich gar keine neue Richtung einschlagen. Stattdessen entläßt ihn das Herumgerissenwerden in die Orientierungslosigkeit. Der von seinem Ende her zu lesende Satz »Die Blindesten aber / Sind Göttersöhne« (vv. 40–41) sagt über sie, die Halbgötter, aus, daß sie im Gegensatz zum Menschen, der sein Haus kennt, »nicht wissen wohin?« (v. 44). Mit diesem Nichtwissen wird die Wendung, die der Rhein nimmt, zur Wende im Schicksalsverständnis seines Dichters. Hölderlin markiert die Wende dadurch, daß er von *einem* Schicksal zu *dem* Schicksal übergeht. Der Übergang geschieht zusammen mit einer Umwertung des Triebs gen Osten. Auf den Vers, dem zufolge den Rhein »nach Asia trieb die königliche Seele«, antwortet »Doch unverständig ist / das Wünschen vor dem Schicksal« (vv. 38–39). Aus der Erfahrung des Nichtwissens, der Blindheit für die einzuschlagende Richtung, erwächst die Erkenntnis, daß das triebgeleitete Drängen als bloßes Wünschen auf schlimmere Weise blind war, nämlich für die je eigene Bestimmung, verstanden als *destinatio*.

Hölderlins Ja zu einer so verstandenen Bestimmung paßt dazu, daß er unterwegs ist zu einem Schicksal von oben. Von Heidegger sollte man vor dem Hintergrund von *Sein und Zeit* eher erwarten, daß er, der dort jedes dem menschlichen Dasein vorgelagerte Schicksal abgewehrt hat, zu einer *destinatio* Nein sagt. Um so mehr überrascht, daß er den Begriff einer Bestimmung wie selbstverständlich verwendet. Er verschärft ihn sogar. Ihm zufolge übernimmt der Rhein seine Bestimmung im »Hören seines Ursprungs«.[25] Hölderlin hingegen sprach nur vom Hören auf »die reine Stimme der Jugend« (v. 95). Sie ist vom Ursprung des Rheins durch einen Abschied getrennt ist, dadurch, daß »von den Brüdern, / dem Tessin und dem Rhodanus, / er schied« (vv. 35–36). Indem Heidegger einerseits an seiner Identifikation des Schicksals mit dem Sein des Menschen festhält, anderseits aber Schicksal in eine Vorherbestimmung legt, gerät er in einen Selbstwiderspruch, der ihn dem Verdacht aussetzt, daß sein vom Dichter der Rheinhymne ihm abgenötigter Übergang zu einem über menschliches Dasein hinausweisenden Schicksal gewissermaßen hinter seinem Rücken stattfindet.

Dies hindert ihn allerdings nicht, den ihm von der Rheinhymne gewiesenen Weg fortzusetzen. Im nachhinein sieht man deutlicher, daß er dabei einer Richtung folgt, die ihm die Hymne schon früh vorgegeben hat. »Von Treppen des Alpengebirgs«, erzählt Hölderlin in der ersten Strophe, »vernahm ich ohne Vermuten / Ein Schicksal« (vv. 10–11). In der Auslegung dieser Verse tut Heidegger den ersten von vier Schritten, die im selben Maße, wie sie seinem Ziel näher kommen, von der Hymne sich entfernen. Sein erster Schritt hält bereits beim Einsatzpunkt der Verse ein, beim Verneh-

---

25 S. 191.

men. Zu einem Vernehmen macht Heidegger das Verstehen, das in *Sein und Zeit* ein Entwerfen war, das *Sich*-Entwerfen des (menschlichen) Daseins. An die Stelle dieses Tuns tritt ein Leiden im Sinne von Hinnehmen oder Empfangen. Als ein solches Leiden läßt das Vernehmen eigentlich auch das »Vorausverstehen«[26] hinter sich, zu dem Heidegger das entwerfende Verstehen spezifiziert hatte. Weil dem Ich der Hymne unvermutet, plötzlich aufgeht, daß in der Tiefe der Alpen ein Schicksal waltet, hat es gar keine Möglichkeit, davon etwas im voraus zu verstehen. Auch der empfangend Vernehmende wird herumgerissen, herausgerissen nicht nur aus seinen Erinnerungen, auch aus seinen Vorwegnahmen.

Der zweite Schritt auf Heideggers Weg zu sich selbst überträgt das Leiden in dem Vernehmen, welches die Nachfolge entwerfenden Verstehens antritt, aufs Vernommene. Als seine These erweist sich, daß das für ein Leiden ausgegebene Vernehmen vernimmt, was seinerseits ein Leiden ist. In seiner Sprache ausgedrückt: »Im standhaltenden Hören geschieht jenes Vernehmen«, das dem zu Vernehmenden entspricht, nämlich dem »Schicksal als Leiden«.[27] Der einzige Kandidat für dieses Leiden ist das Herumgerissenwerden. Daß der Rhein ein Schicksal *ist*, deutet die ihm gewidmete Hymne auf eine Weise, die von der im Frühwerk Heideggers vorgenommenen Identifikation des Schicksals mit dem Sein entschlossen Existierender abweicht. Schon diese Deutung dreht den Sachverhalt, den der Interpret der Hymne mit dem Satz »Der Rheinstrom ist ein Schicksal ...«

26 S. 185.
27 S. 201.

anpeilt, aus dessen einstiger Fassung heraus, indem sie ihn von dem Herumgerissenwerden her versteht, das die in *Sein und Zeit* behauptete Identität ausschließt. Der Rhein *ist* ihr zufolge ein Schicksal, weil er nichts ist als dies, herumgerissen zu werden.

Hier setzt der dritte Interpretationsschritt an. Er ist es, der den Boden der Hymne verläßt. Mit ihm legt Heidegger Schicksal als »Schickung« aus.[28] Das Wort hat in der Hymne keine Grundlage. Keinen Halt bietet die Hymne auch für das bis in Heideggers Spätwerk hinein fortgesetzte Spiel mit verwandten Wörtern. Schicksal soll Schickung sein, weil es – so der Hölderlin-Interpret an derselben Stelle – »uns geschickt« ist, »so zwar, daß es uns unserer Bestimmung entgegenschickt, gesetzt, daß wir selbst uns darein wahrhaft schicken und um das Schickliche wissen und wissend es wollen.«

Durchaus ernst zu nehmen ist daran vor allem, daß Heidegger der Schickung nichts Schickendes voraussetzt. Für ihn ist sie als ein Geschicktes selbst zugleich ein Schickendes. Sein Absehen von etwas, das ein Geschicktes schickt, bewahrt die Ableitung des Schicksals als Schickung aus dem Herumgerissenwerden davor, sich durch Umbiegung einer Passion in Aktion ins Unrecht zu setzen. Bedenkenswert ist sodann auch Heideggers nähere Kennzeichnung der Art und Weise, wie das Geschickte zum Schickenden wird. *Daß* es dazu wird, knüpft er an eine einschränkende Bedingung: Das Schicksal als Schickung schickt uns unserer Bestimmung nur dann entgegen, wenn wir uns in es schicken. Erst dieses Diktum stellt klar, was

28 S. 176.

am daseinsanalytisch gedachten Selbstsein entfällt. Ein Selbstsein, das die Schickung zu seiner notwendigen Bedingung hat, ist unvereinbar mit Autonomie.

Mit dem vierten, dem letzten Schritt kommt Heidegger bei seinem Ziel an: beim Sein. Vom Ziel her bezieht er auch den Ausgangspunkt seines Weges, das Leiden, aufs Sein. Erst dadurch wird einigermaßen verständlich, was er mit »Schicksal als Leiden« meinte. Das Leiden als Vernehmen eines Schicksals, von dem die Selbstsuche ausgegangen war, konnte im Leidensgegenstand wiederkehren, weil ein Halbgott wie der Rhein leidet – am Herumgerissenwerden. In Heideggers Explikation dieses Leidens, des vernommenen, geht die gesamte ,Kehre' ein, zu der er seinen Übergang vom Sein des (menschlichen) Daseins zum Sein selbst erklärt. Halbgötter müssen, so der Interpret mit Berufung auf ein Bruckstück des Gedichts, ihr Sein »dem Leiden nach« erfahren. Ihr Sein ist aber in sich »ein Leiden des Seyns«,[29] das als von ihrem eigenen Sein unterschiedenes nur das Sein selbst sein kann.

Das in Heideggers erster Hölderlin-Vorlesung sich abzeichnende Schicksalskonzept fällt in die Reihe der Konzepte, durch die er den Seinsbegriff *ersetzt*. Schicksal ist da mehr als bloß ein Prädikat des Seins; es ist das Sein selbst. Und das Sein selbst ist es als Schickung. Der Versuch einer Begründung dieser These soll das Programm der Vorlesung einlösen, »Seyn im Sinne von Schicksal«[30] vorzuführen. Legt man, wie dies hier geschehen ist, den Akzent darauf, daß das Wort Schicksal nur eine überlieferte Vorstellung

29 S. 182.

30 S. 174.

aufruft, die erst auf ihren Begriff zu bringen ist, so kann man die Aufgabe der Vorlesung darin sehen, Schicksal als Sein zu begreifen. Aus einem anderen Blickwinkel stellt sich ihr Vorhaben so dar, daß sie Sein als Schicksal verständlich machen möchte. Heidegger kann auch diese Perspektive einnehmen, weil er umgekehrt Sein zu einer Vorstellung herabsetzt, deren Sachgehalt wir erst begreifen, wenn wir gelernt haben zu hören, was uns Schicksal, »dieses wesentliche deutsche Wort«,[31] sagen will. Das Wort entnimmt er der Rheinhymne. Aber auszuloten, was es heißt, daß das Wort Schickung meint, war erst die Sache ihrer von ihm gegebenen Deutung. Darum vor allem markiert seine erste Hölderlin-Vorlesung in seinem Umgang mit dem Problem des Schicksals eine Wende.

Das Gedicht, das seinen Interpreten auf einen für ihn nicht absehbaren Weg geführt hat, drängt auf eine Zweitlektüre. Ist die Erstlektüre von Hölderlin aus zu Heidegger fortgegangen, so hätte die Zweitlektüre von Heidegger her auf Hölderlin zurückzugehen. Denn die Rheinhymne begreift Schicksal nicht als Sein, sondern als Geschichte. Eine Zweitlektüre kann zunächst die Punkte markieren, an denen die Intention auf Geschichte sich bereits abzeichnete. Sodann ist der Schluß der Hymne in die angestellten Überlegungen einzubeziehen und auf ihn der Gedanke hinzuordnen, der ihre letzte Triade ausfüllt.

Geschichte meldete sich erstmals in dem die zweite Strophe eröffnenden »Jetzt aber« (v. 16), das mit der Abkehr von der die Eingangsstrophe durchstimmenden Sehnsucht nach Griechenland und Italien eine Zukehr zum

31 S. 173.

Norden ankündigt. »Jetzt aber« steht für ein Erwachen aus dem Traum von Asia. Auf Geschichte deutet die damit anhebende Strophe, die zweite, allerdings erst nur indirekt. Sie greift auf eine Zeit vor, in der dies, nach Art der Halbgötter gewöhnliches Menschendasein zu überragen, bedeutet: einsam sein. Im Abschied von seinem Quellgebiet, in dem auch Tessin und Rhone entspringen, wählt der Rhein die Abgeschiedenheit, die der Preis ist, den die Moderne für ein das gewöhnliche Menschendasein überragendes Leben verlangt.

Sobald die Hymne den Ort erreicht, an dem der Rhein nach Norden abbiegt, wechselt sie – dies der zweite Punkt – ausdrücklich zur Geschichte über. Hölderlin beschreibt nun den Norden, in den weiter zu fließen der Rhein genötigt wird, *expressis verbis* als die Moderne, die sich ihm, dem in die Antike Zurückstrebenden, aufdrängt wie dem Rhein der Norden. Daß ausgerechnet Göttersöhne die Blindesten seien, spielt auf die moderne Idee von Selbstsein an. Ihnen ist der »Fehl, daß sie nicht wissen wohin? / In die unerfahrne Seele gegeben« (vv. 44–45), sofern modern verstandenes Selbstsein eine Schöpfung aus dem Nichts ist. Ungeachtet der ambivalenten Rede von einem Fehl ist die Hymne in diesem Stadium ihrer Bewegung noch nicht auf Bewertung aus. Weder verdammt sie noch verherrlicht sie die modernisierte Fassung einer Schöpfung aus dem Nichts. Erst im Folgenden treibt sie die eine und die andere Stellung zur Moderne in Extreme auseinander.

Allerdings tut sie dies – der dritte Punkt – so, daß am Ende Kritik steht. Ihr von Pindar inspirierter Lobpreis der das meiste vermögenden Geburt veranlaßt den Dichter zu der Frage: »Wo aber ist einer, / um frei zu bleiben / sein Leben lang, und des Herzens Wunsch / allein zu erfüllen, so /

Aus günstigen Höhn, wie der Rhein, / Und so aus heiligem Schoße / Glücklich geboren, wie jener?« (vv. 54–60). Die Frage legt den Akzent auf *bleiben*. Nun leitet sie den Gang der Hymne an eine weiter, welche die Möglichkeit einer Verkehrung der Freiheit in ihr Gegenteil vor Augen führt, indem sie mit der Bibel eine im Rücken der Moderne liegende Wirklichkeit aufruft: »Wer war es, der zuerst / Die Liebesbande verderbt / Und Stricke von ihnen gemacht hat?« (vv. 96–98). Die Frage malt die Gefahr einer Verkehrung der Freiheit in Unfreiheit als die einer Selbstverstrickung der Liebe an die Wand, weil Freiheit aufs neue verloren gehen kann, wenn sie mit dem Abschied vom Menschen die Liebe zu ihm mit verabschiedet. Hölderlin unterstreicht die Gefahr noch dadurch, daß er an die Folgen jener Verderbnis erinnert. »Dann haben des eigenen Rechts / und gewiß des himmlischen Feuers / Gespottet die Trotzigen, dann erst / Die sterblichen Pfade verachtend / Verwegnes erwählt / Und den Göttern gleich zu werden getrachtet« (vv. 99–104). Die Verse, in die Hölderlins Bemühungen um eine Einschätzung der Moderne auslaufen, sind so arrangiert, daß vor das Trachten nach Gottgleichheit und den Frevel des Prometheus die Preisgabe »des eigenen Rechts« zu stehen kommt, also der Autonomie. Das Fernste soll im Licht des Nächsten erscheinen, der Aufstand gegen Gott und Götter von dem her gesehen werden, was in moderner Autonomie von Anfang an angelegt war: ihr durch Übersteigerung drohender Verlust.

Werfen wir nun noch einen Blick auf die vierte Triade und den Schluß der Rheinhymne. In der vierten Triade betrachtet Hölderlin Geschichte aus einer verwandelten Perspektive, und aus dem neuen Blickwinkel faßt er sie noch fester ins Auge. Er war damit einen anderen Weg gegangen als Heidegger, der seine 1941/42 gehaltene, der Hymne *Andenken* gewidmete Hölderlin-Vorlesung[32] für eine Art Nachtrag zur Rheinhymne nutzte, in welchem er auf deren vierte Triade zurückkam. Heidegger geht in dem Nachtrag aus von Versen, die auch für Hölderlin den Ausgangspunkt seines Neuansatzes bilden: »Dann feiern das Brautfest Menschen und Götter, / Es feiern die Lebenden all, / und ausgeglichen / Ist eine Weile das Schicksal« (vv. 180–183). Allerdings liest Heidegger schon diese Versgruppe auf ein selbstgestecktes Ziel hin. Sein Ziel erreicht er durch eine Reihe von Reduktionen. Zunächst sieht er ab von der Bestimmtheit des Festes, davon, daß es ein *Braut*fest war. Was davon übrig bleibt, ist das Fest überhaupt. Sodann verkürzt er das Fest überhaupt darauf, daß es sich ereignet, auf das »Ereignis des Festes«.[33] Schließlich entfällt auch noch das verallgemeinerte Fest. In Händen behält Heidegger das Ereignis, auf das er bald nach seiner Vorlesung über die Rheinhymne, in seinem *Vom Ereignis* betitelten Buch, Sein zurückgeführt hat.

Der Unterschied von Original und Kopie zeigt sich besonders deutlich am Umgang mit den beiden letzten der vier angeführten Verse: »... und ausgeglichen / Ist eine Weile das Schicksal«. Für Heidegger ist die Ausgeglichenheit des Schicksals »höchster Ausgleich«,[34] das heißt: der letzte, unüberholbare. Er deutet sie auf seine Weise eschatologisch. Das von ihm propagierte Seinsdenken wird in seinem Nachtrag zur Rheinhymne die Eschatologie des Seins, die

---

32 *Hölderlins Hymne »Andenken«*. Heidegger-Gesamtausgabe, Bd. 52, Frankfurt am Main 1982.

33 *Ebd.*, S. 92.

34 S. 92.

es an sich schon war. Dies zwingt ihn zur Marginalisierung des Umstands, daß Hölderlin »eine Weile« zunächst so versteht, wie man den Ausdruck normalerweise versteht. Gemeint war: zeitweilig, während der Dauer des Festes.

So verwendet Hölderlin den Ausdruck *zunächst*. Den tieferen Sinn, den er in »eine Weile« hineinlegt, enthüllt der Kontext. In »Dann feiern das Brautfest Menschen und Götter ...« sollte »Dann« anzeigen: wenn uns vergönnt ist, »Abends nun / Dem milderen Licht entgegenzugehn« (vv. 68–69). Der Abend war für Hölderlin ein zweifacher: einer, in den jeder Tag ausklingt, und ein zum Vorschein des Paradieses verklärter Abend der Welt, an dem »zur heutigen Erde der Tag sich neiget« (v. 179), ein Abend, an dem »die Flüchtlinge suchen die Herberg« (v. 184) und die Unversöhnten »eilen / Die Hände sich zu reichen« (v. 191–192). Hölderlin entwirft hier statt einer Eschatologie des Seins eine Utopie der Geschichte. Nur beläßt er den Weltenabend im Hintergrund des alltäglichen.

Die auf das Zitat des Mythologems vom Brautfest folgenden Verse entfalten aus der Anschauung milden Abendlichts eine ganz und gar gebrochene Utopie. Das äußere Erscheinungsbild ihrer Brechung ist Doppeldeutigkeit. Die resultiert jedoch aus einer gewollten Spannung, der Spannung zwischen wirklich utopischer Perspektive und dem antiutopischen Thema zyklischen Naturgeschehens. Sie steigert sich am Schluß zum Äußersten. Die Rheinhymne endet damit, daß sie dem Aussehen, welches unsere Welt bei Tage bietet, dasjenige gegenüberstellt, das sie hat »bei Nacht, wenn alles gemischt / Ist ordnungslos und wiederkehrt / Uralte Verwirrung« (vv. 219–221). Der Zusammenhang der drei Schlußverse mit der vierten Triade im Ganzen impliziert, daß deren Leitgedanke erst von ihnen her einsichtig wird. Die Verse erklären vor allem, wieso Hölderlin die Ausgeglichenheit des Schicksals zu einer ephemeren, vorübergehenden herabsetzt. Dem Ausgleich Endgültigkeit einzuräumen, verbietet ihm der Vorblick auf eine Nacht, die das letzte Wort behält. Eine solche Nacht ist kein reines Naturphänomen mehr. Sie ist der bleibende Naturgrund faktischer Geschichte.

Das *buchstäblich* letzte Wort ist »Verwirrung«. Die Hymne verabschiedet sich mit einem in der Moderne einzig dastehenden Zitat des Chaos Hesiods. Eine »uralte« ist die Verwirrung nicht zuletzt in dem Sinne, daß sie schon die Sache des ältesten Denkers war. Gerade die Indirektheit des Zitats kann in der Annahme seiner Bedeutsamkeit bestärken. Hölderlin hat nicht nötig, das Chaos, von dem er andernorts unverstellt spricht, beim Namen zu nennen. Denn er tut Schwererwiegendes: Er nimmt den *Gedanken* auf, den das Wort bei Hesiod fassen sollte. Verwirrung beerbt die ziel- und richtungslose Bewegung, zu der Hesiod das Chaos verflüssigt. Im übrigen ist Hölderlin schon in der Beschwörung der Nacht bei dem, woraus die Genealogie Hesiods die Nacht hervorgehen ließ. Unter der Nacht, die sich am Ende herabsenkt, versteht er die Zeit des Chaos.

Mit dem Rückgriff aufs Chaos wiederholt Hölderlin zugleich die Wendung, die Hesiod dem daraus abgeleiteten Schicksal gab. Auch er legt ins Schicksal Schuld. Verwirrung wird abermals zu einer schuldhaften. Aber der Rückgriff bildet nur die Basis für eine weiterführende Erneuerung. Das Neue, auf das der Hymnenschluß den Blick lenkt, liegt ja nicht in der Verwirrung als solcher, die vielmehr uralt ist; es liegt in der Wiederkehr des Uralten, Anfänglichen. Die Einsicht in eine Wiederkehr des Uralten öffnet dem Dichter die Augen für einen Zusammenhang, der in die drei ersten Triaden seiner Hymne zurückreicht. Zielpunkt des in ihnen vorgeführten Gedankengangs war ein möglicher Verlust unserer in der Moderne erworbenen Freiheit. Der Verlust wurde zu Beginn der dritten Triade als Wiederkehr eines nach biblischem Verständnis schon eingetretenen dargestellt. Er müßte, sollte er tatsächlich aufs neue eintreten, allerdings verwandelt wiederkehren, in einer der Moderne entsprechenden Form. Dann hätte er ein durch Übersteigerung verschuldeter Autonomieverlust zu sein. Hinter dieser Überzeugung steht eine verallgemeinerbare, auf die Moderne überhaupt anwendbare These: Die Moderne tendiert zu einer Wiederkehr, die eine Einkehr in griechisch-christliche Antike genauso ausschließt wie eine Abkehr von ihr. Sie droht in dem Chaos zu versinken, das in ihr zum Naturgrund der Geschichte wird.

Über den Autor

Michael Theunissen, geboren am 11. Okober 1932 in Berlin, gestorben am 18. April 2015 in Berlin. Er studierte Philosophie, Theologie und deutsche Literaturgeschichte an den Universitäten Bonn und Freiburg i. Br. 1959-1967 erst Wissenschaftlicher Assistent, nach seiner Habilitation 1964 Universitätsdozent an der Freien Universität Berlin. 1967-

Foto JOCHEN FIEBIG

1971 ordentlicher Professor an der Universität Bern. Bis 1980 Professor an der Universität Heidelberg, seitdem wieder an der Freien Universität Berlin. Arbeitete 1968-1969 am Zentrum für interdisziplinäre Forschung der Universität Bielefeld, 1995 am Kierkegaard Forschungszentrum der Universität Kopenhagen. Ehrendoktorwürde der Universitäten Kopenhagen 1995, Luzern 2003, Göttingen 2004. 2001 Leopold-Lucas-Preis der Universität Tübingen. Karl-Jaspers-Preis 2004. Hegel-Preis der Stadt Stuttgart 2015 (postum).

Selbständige Veröffentlichungen

Der Begriff Ernst bei Søren Kierkegaard. Freiburg i. Br., Karl Alber, 1958, [2]1978 (Dissertation).

Der Andere. Studien zur Sozialontologie der Gegenwart. Berlin, Walter de Gruyter, 1965, ²1977 (Habilitationsschrift). Englisch: *The Other. Studies in the Social Ontology of Husserl, Heidegger, Sartre, and Buber.* (Cambridge Mass. / London 1984.)

Gesellschaft und Geschichte. Zur Kritik der kritischen Theorie. Berlin, Walter de Gruyter, 1969, ²1981 unter dem Titel *Kritische Theorie der Gesellschaft,* vermehrt um eine Laudatio auf Jürgen Habermas anläßlich der Verleihung des Theodor W. Adorno-Preises der Stadt Frankfurt am Main.

Hegels Lehre vom absoluten Geist als theologisch-politischer Traktat. Berlin, Walter de Gruyter, 1970.

Die Verwirklichung der Vernunft. Zur Theorie-Praxis-Diskussion im Anschluß an Hegel. Tübingen, Mohr Siebeck, 1970 (Beiheft 6 der *Philosophischen Rundschau).*

Mit Wilfried Greve (Hg.): *Materialien zur Philosophie Søren Kierkegaards.* Frankfurt am Main, Suhrkamp, 1979 (stw 314).

Sein und Schein. Die kritische Funktion der Hegelschen Logik. Frankfurt am Main, Suhrkamp, 1978, ³1994 (stw 314).

Selbstverwirklichung und Allgemeinheit. Zur Kritik des gegenwärtigen Bewußtseins. Berlin, Walter de Gruyter, 1982.

Das Selbst auf dem Grund der Verzweiflung. Frankfurt am Main, Anton Hain, 1991.

Der Begriff Verzweiflung. Korrekturen an Kierkegaard. Frankfurt am Main, Suhrkamp, 1993 (stw 1062).

Vorentwürfe von Moderne. Antike Melancholie und die Audia des Mittelalters. Berlin, Walter de Gruyter, 1996.

Dialektik vor dem Hintergrund des sie unterlaufenden Denkens (deutsch / italienisch). Palermo–Florenz, Fondazione Nazionale Vito Fazio-Allmayer, 1999.

Pindar. Menschenlos und Wende der Zeit. München, C. H. Beck, 2000, ²2002, ³2008.

Reichweite und Grenzen der Erinnerung. Tübingen, Mohr Siebeck, 2001 (Leopold-Lucas-Preis).

THEMEN – Eine Publikationsreihe der Carl Friedrich von Siemens Stiftung

In der Reihe *Themen* wird eine kleine Auswahl der im Wissenschaftlichen Programm der Carl Friedrich von Siemens Stiftung gehaltenen Vorträge in teilweise überarbeiteter und erweiterter Form veröffentlicht. Die Publikationen können von der Stiftung direkt bezogen werden. Vergriffene Bände sind mit dem Vermerk *vgr* gekennzeichnet.

17 Günter Schmölders: *Carl Friedrich von Siemens. Vom Leitbild des groß-industriellen Unternehmers.* 1973. 64 S. *vgr*

18 Ulrich Hommes: *Entfremdung und Versöhnung. Zur ideologischen Verführung des gegenwärtigen Bewußtseins.* 1973. 50 S. *vgr*

19 Dennis Gabor: *Holographie 1973.* 1974. 52 S.

20 Wilfried Guth: *Geldentwertung als Schicksal?* 1974. 44 S.

21 Hans-Joachim Queisser: *Festkörperforschung.* 1975. 2. Auflage 1976. 64 S. *vgr*

22 Ekkehard Hieronimus: *Der Traum von den Urkulturen.* 1975. 2. Auflage 1984. 54 S. *vgr*

23 Julien Freund: *Georges Sorel.* 1977. 76 S. *vgr*

24 Otto Kimminich: *Entwicklungstendenzen des gegenwärtigen Völkerrechts.* 1976. 2. Auflage 1977. 52 S.

25 Hans-Joachim Hoffmann-Nowotny: *Umwelt und Selbstverwirklichung als Ideologie.* 1977. 42 S. *vgr*

26 Franz C. Lipp: *Eine europäische Stammestracht im Industriezeitalter. Über das Vorder- und Hintergründige der bayerisch-österreichischen Trachten.* 1978. 43 S. *vgr*

27 Christian Meier: *Die Ohnmacht des allmächtigen Dictators Caesar.* 1978. 108 S. *vgr*

28 Stephan Waetzoldt und Alfred A. Schmid: *Echtheitsfetischismus? Zur Wahrhaftigkeit des Originalen.* 1979. 72 S. *vgr*

29 Max Imdahl: *Giotto. Zur Frage der ikonischen Sinnstruktur.* 1979. 60 S. *vgr*

30 Hans Frauenfelder: *Biomoleküle. Physik der Zukunft?* 1980. 2. Auflage 1984. 53 S. *vgr*

31 Günter Busch: *Claude Monet »Camille«. Die Dame im grünen Kleid.* 1981. 2. Auflage 1984. 50 S.

32 Helmut Quaritsch: *Einwanderungsland Bundesrepublik Deutschland? Aktuelle Reformfragen des Ausländerrechts.* 1981. 2. Auflage 1982. 92 S. *vgr*

33 Armand Borel: *Mathematik: Kunst und Wissenschaft.* 1982. 2. Auflage 1984. 58 S. *vgr*

34 Thomas S. Kuhn: *Was sind wissenschaftliche Revolutionen?* 1982. 2. Auflage 1984. 62 S. *vgr*

35 Peter Claus Hartmann: *Karl VII.* 1982. 2. Auflage 1984. 60 S.

36 Frédéric Durand: *Nordistik. Einführung in die skandinavischen Studien.* 1983. 104 S.

37 Hans-Martin Gauger: *Der vollkommene Roman: »Madame Bovary«.* 1983. 2. Auflage 1986. 70 S. *vgr*

38 Werner Schmalenbach: *Das Museum zwischen Stillstand und Fortschritt.* 1983. 47 S.

39 Wolfram Eberhard: *Über das Denken und Fühlen der Chinesen.* 1984. 2. Auflage 1987. 48 S. *vgr*

40 Walter Burkert: *Anthropologie des religiösen Opfers.* 1984. 2. Auflage 1987. 64 S. *vgr*

41 Christopher Freeman: *Die Computerrevolution in den langen Zyklen der ökonomischen Entwicklung.* 1985. 57 S. *vgr*

42 Benno Hess und Peter Glotz: *Mensch und Tier. Grundfragen biologisch-medizinischer Forschung.* 1985. 60 S. *vgr*

43 Hans Elsässer: *Die neue Astronomie.* 1986. 64 S. *vgr*

44 Ernst Leisi: *Naturwissenschaft bei Shakespeare.* 1988. 124 S. *vgr*

45 Dietrich Murswiek: *Das Staatsziel der Einheit Deutschlands nach 40 Jahren Grundgesetz.* 1989. 56 S. *vgr*

46 François Furet: *Zur Historiographie der Französischen Revolution heute.* 1989. 50 S. *vgr*

47 Ernst-Wolfgang Böckenförde: *Zur Lage der Grundrechtsdogmatik nach 40 Jahren Grundgesetz.* 1990. 86 S. *vgr*

48 Christopher Bruell: *Xenophons Politische Philosophie.* 1990. 2. Auflage 1994. 71 S. *vgr*

49 Heinz-Otto Peitgen und Hartmut Jürgens: *Fraktale. Gezähmtes Chaos.* 1990. 70 S. mit 25 Abb. und 4 Farbtafeln. *vgr*

50 Ernest L. Fortin: *Dantes »Göttliche Komödie« als Utopie.* 1991. 62 S. mit 8 Abb. *vgr*

51 Ernst Gottfried Mahrenholz: *Die Verfassung und das Volk.* 1992. 58 S. *vgr*

52 Jan Assmann: *Politische Theologie zwischen Ägypten und Israel.* 1992. 2. Auflage 1995. 122 S. 3., erweiterte Auflage 2006. 138 S. 4. Auflage 2017. 140 S.

53 Gerhard Kaiser: *Fitzcarraldo Faust. Werner Herzogs Film als postmoderne Variation eines Leitthemas der Moderne.* 1993. 74 S. mit 1 Abb. *vgr*

54 Paul A. Cantor: *»Macbeth« und die Evangelisierung von Schottland.* 1993. 88 S.

55 Walter Burkert: *»Vergeltung« zwischen Ethologie und Ethik.* 1994. 48 S. *vgr*

56 Albrecht Schöne: *Fausts Himmelfahrt. Zur letzten Szene der Tragödie.* 1994. 40 S. *vgr*

57 Seth Benardete: *On Plato's »Symposium« – Über Platons »Symposion«.* 1994. 2. Auflage 1999. 106 S. 3. Auflage 2012. 110 S. mit einer Farbausschlagtafel.

58 Yosef Hayim Yerushalmi: *»Diener von Königen und nicht Diener von Dienern«. Einige Aspekte der politischen Geschichte der Juden.* 1995. 62 S. *vgr*

59 Stefan Hildebrandt: *Wahrheit und Wert mathematischer Erkenntnis.* 1995. 60 S. mit 12 Abb.

60 Dieter Grimm: *Braucht Europa eine Verfassung?* 1995. 58 S. *vgr*

61 Horst Bredekamp: *Repräsentation und Bildmagie der Renaissance als Formproblem.* 1995. 84 S. mit 32 Abb. *vgr*

62 Paul Kirchhof: *Die Verschiedenheit der Menschen und die Gleichheit vor dem Gesetz.* 1996. 80 S. *vgr*

63 Ralph Lerner: *Maimonides' Vorbilder menschlicher Vollkommenheit.* 1996. 50 S. mit 5 Abb.

64 Hasso Hofmann: *Bilder des Friedens oder Die vergessene Gerechtigkeit. Drei anschauliche Kapitel der Staatsphilosophie.* 1997. 2. Auflage 2008. 98 S. mit 36 Abb.

65 Ernst-Wolfgang Böckenförde: *Welchen Weg geht Europa?* 1997. 60 S. *vgr*

66 Peter Gülke: *Im Zyklus eine Welt. Mozarts letzte Sinfonien.* 1997. 64 S. mit 2 Abb. und 9 Notenbeispielen. 2. Auflage 2015. 76 S. mit 2 Abb. und 11 Notenbeispielen.

67 David E. Wellbery: *Schopenhauers Bedeutung für die moderne Literatur.* 1998. 70 S.

68 Klaus Herding: *Freuds »Leonardo«. Eine Auseinandersetzung mit psychoanalytischen Theorien der Gegenwart.* 1998. 80 S. mit 7 Abb. *vgr*

69 Jürgen Ehlers: *Gravitationslinsen. Lichtablenkung in Schwerefeldern und ihre Anwendungen.* 1999. 58 S. mit 15 Abb. und 4 Farbtafeln.

70 Jürgen Osterhammel: *Sklaverei und die Zivilisation des Westens.* 2000. 2. Auflage 2009. 74 S. mit 1 Abb.

71 Lorraine Daston: *Eine kurze Geschichte der wissenschaftlichen Aufmerksamkeit.* 2001. 60 S. mit 7 Abb. *vgr*

72 John M. Coetzee: *The Humanities in Africa – Die Geisteswissenschaften in Afrika.* 2001. 98 S.

73 Georg Kleinschmidt: *Die plattentektonische Rolle der Antarktis.* 2001. 86 S. mit 20 Abbildungen, 16 Farbtafeln und einer Ausschlagtafel.

74 Ernst Osterkamp: *»Ihr wisst nicht wer ich bin« – Stefan Georges poetische Rollenspiele.* 2002. 60 S. mit 5 Abb.

75 Peter von Matt: *Ästhetik der Hinterlist. Zu Theorie und Praxis der Intrige in der Literatur.* 2002. 62 S.

76 Seth Benardete: *Socrates and Plato. The Dialectics of Eros – Sokrates und Platon. Die Dialektik des Eros.* 2002. 98 S. mit 1 Abb.

77 Robert Darnton: *Die Wissenschaft des Raubdrucks. Ein zentrales Element im Verlagswesen des 18. Jahrhunderts.* 2003. 82 S. mit 3 Abb.

78 Michael Maar: *Sieben Arten, Nabokovs »Pnin« zu lesen.* 2003. 74 S.

79 Michael Theunissen: *Schicksal in Antike und Moderne.* 2004. 72 S. 2. Auflage 2017. 74 S.

80 Paul Zanker: *Die Apotheose der römischen Kaiser. Ritual und städtische Bühne.* 2004. 86 S. mit 31 Abb.

81 Glen Dudbridge: *Die Weitergabe religiöser Traditionen in China.* 2004. 64 S. mit 8 Farbtafeln.

82 Heinrich Meier: *»Les rêveries du Promeneur Solitaire«. Rousseau über das philosophische Leben.* 2005. 68 S. 2. Auflage 2010. 70 S. mit 12 Abb.

83 Jean Bollack: *Paul Celan unter judaisierten Deutschen.* 2005. 70 S.

84 Rudolf Smend: *Julius Wellhausen. Ein Bahnbrecher in drei Disziplinen.* 2006. 72 S. mit 4 Tafeln.

85 Martin Mosebach: *Die Kunst des Bogenschießens und der Roman. Zu den »Commentarii« des Heimito von Doderer.* 2006. 74 S. mit 13 Abb.

86 Ernst-Wolfgang Böckenförde: *Der säkularisierte Staat. Sein Charakter, seine Rechtfertigung und seine Probleme im 21. Jahrhundert.* 2007. 82 S. 2. Auflage 2015

87 Marie Theres Fögen: *Das Lied vom Gesetz.* 2007. 140 S. mit 5 Abb.

88 Helen Vendler: *Primitivismus und das Groteske. Yeats' »Supernatural Songs«.* 2007. 88 S. mit 8 Abb.

89 Winfried Menninghaus: *Kunst als »Beförderung des Lebens«. Perspektiven transzendentaler und evolutionärer Ästhetik.* 2008. 70 S.

90 Horst Bredekamp: *Der Künstler als Verbrecher. Ein Element der frühmodernen Rechts- und Staatstheorie.* 2008. 90 S. mit 25 Abb.

91 Horst Dreier: *Gilt das Grundgesetz ewig? Fünf Kapitel zum modernen Verfassungsstaat.* 2009. 128 S. mit 6 Abb.

92 Ernst Osterkamp: *Die Pferde des Expressionismus. Triumph und Tod einer Metapher.* 2010. 74 S. mit 10 Abb.

93 Gerhard Neumann: *Verfehlte Anfänge und offenes Ende. Franz Kafkas poetische Anthropologie.* 2011. 88 S.

94 Jürgen Stolzenberg: *»Seine Ichheit auch in der Musik herausstreiben«. Formen expressiver Subjektivität in der Musik der Moderne.* 2011. 102 S.

95 Heinrich Detering: *Die Stimmen aus dem Limbus. Bob Dylans späte Song Poetry.* 2012. 62 S.

96 Richard G. M. Morris: *Lernen und Gedächtnis. Neurobiologische Mechanismen.* 2013. 80 S. mit 7 Abb.

97 Jan Wagner: *Ein Knauf als Tür. Wie Gedichte beginnen und wie sie enden.* 2014. 80 S.

98 Walter Werbeck: *Richard Strauss. Facetten eines neuen Bildes.* 2014. 92 S. mit 6 Abb.

99 Karl Schlögel: *Archäologie des Kommunismus oder Russland im 20. Jahrhundert. Ein Bild neu zusammensetzen.* 2014. 120 S. mit 15 Abb.

100 Ronna Burger: On Plato's *Euthyphro* – Über Platons *Euthyphron.* 2015. 124 S.

101 Andreas Voßkuhle: *Die Verfassung der Mitte.* 2016. 70 S.

102 David E. Wellbery: *Goethes* Faust I. *Reflexion der tragischen Form.* 2016. 102 S.

103 Peter Schäfer: *Jüdische Polemik gegen Jesus und das Christentum. Die Entstehung eines jüdischen Gegenevangeliums.* 2017. 80 S.

Außerhalb der Reihe sind erschienen:

1985 – 1995 Carl Friedrich von Siemens Stiftung – Zehnjahresbericht. 1996. 2. Auflage 1999. 144 S. mit 81 Abbildungen.

1995 – 2005 Carl Friedrich von Siemens Stiftung – Zehnjahresbericht. 2005. 174 S. mit 117 Abbildungen.

Notiz zur Zitierweise

Michael Theunissen:
Schicksal in Antike und Moderne
München: Carl Friedrich von Siemens Stiftung, 2017
(Reihe »Themen«, Bd. 79, Zweite Auflage).

ISBN 978-3-938593-29-5

Carl Friedrich von Siemens Stiftung
Südliches Schloßrondell 23
80638 München

© 2004 Carl Friedrich von Siemens Stiftung, München
Zweite Auflage, 8.–11. Tsd. 2017
Layout und Herstellung Udo Wiedemann
Druck Mayr Miesbach GmbH

Veröffentlichungen
der Carl Friedrich von Siemens Stiftung

Heinrich Meier, Gerhard Neumann (Hg.)
Über die Liebe
Ein Symposion
München, Piper, 2000. 4. Auflage 2009. Serie Piper 3233
352 Seiten mit 10 Abbildungen. € 9,90 (D)

Gerhard Neumann
Lektüren der Liebe

Helen Fisher
Lust, Anziehung und Verbundenheit
Biologie und Evolution der menschlichen Liebe

Karl-Heinz Kohl
Gelenkte Gefühle
Vorschriftsheirat, romantische Liebe und Determinanten der Partnerwahl

Jean Starobinski
Fêtes galantes
Geburt und Niedergang einer Utopie der Liebe

Seth Benardete
Sokrates und Platon
Die Dialektik des Eros

Walter Haug
Tristan und Lancelot
Das Experiment mit der personalen Liebe im 12./13. Jahrhundert

Kurt Flasch
Liebe im Decameron des Giovanni Boccaccio

Peter von Matt
Versuch, den Himmel auf Erden einzurichten
Der Absolutismus der Liebe in Goethes Wahlverwandtschaften

Ulrich Pothast
Liebe und Unverfügbarkeit

Heinrich Meier
Epilog: Über Liebe und Glück

Friedrich Wilhelm Graf, Heinrich Meier (Hg.)

Der Tod im Leben
Ein Symposion

München, Piper, 2004. 3. Auflage 2009. Serie Piper 4271
352 Seiten mit 6 Abb. € 12,90 (D)

Friedrich Wilhelm Graf
Todesgegenwart

Ernst Tugendhat
Unsere Angst vor dem Tod

Jean-Claude Schmitt
Der Historiker, der Tod und die Toten

Norbert Schneider
Zeig mir das Spiel vom Tod
Sterben, Tote und Tod im Fernsehen und
in ausgewählten Kinofilmen

Peter Gülke
»Senkrecht auf der Richtung vergehender Herzen«
Musik als Paradigma bejahter Vergänglichkeit

Peter von Matt
Tod und Gelächter
Der Tod als Faktor des Komischen in der Literatur

Christopher Bruell
Der Tod aus der Sicht der Philosophie

Peter H. Krammer
Kein Leben ohne Tod

Philippe Descola
Mit den Toten leben

Axel Michaels
Wohin mit den Ahnen?
Totenritual und Erlösung in indischen Religionen

Hans Ulrich Gumbrecht
Die Zukunft unseres Todes

Heinrich Meier
Epilog: Über Leben und Tod

Heinrich Meier (Hg.)
Über das Glück
Ein Symposion
München, Piper, 2008. 2. Auflage 2010. Serie Piper 5304
295 Seiten mit 5 Abb. € 9,95 (D)

Edition der
Carl Friedrich von Siemens
Stiftung

Friedrich Wilhelm Graf, Heinrich Meier (Hg.)
Politik und Religion
Zur Diagnose der Gegenwart
München, C.H. Beck, 2013. 2. Auflage 2017
325 Seiten. Klappenbroschur. € 14,95